Erwecke die *Göttin* in dir

Liz Simpson

Erwecke die Göttin in dir

Die Entdeckung der Kraft
und Schönheit des Weiblichen

für DICH, Anita,

3. Vollmondnacht 2006

Andrea

Urania

Die englische Originalausgabe erschien 2000 bei Gaia Books Limited, London,
unter dem Titel: *Awaken your Goddess*

Redaktion: Jo Godfrey Wood
Design: Sara Mathews
Illustrationen: Nanette Hoogslag
Redaktionsleitung: Pip Morgan
Produktion: Lyn Kirby
Leitung: Patrick Nugent

1. Auflage 2001
ISBN 3-908653-36-3

Übersetzt aus dem Englischen von Manfred Miethe
Einband: Andreas Kummer, Oetwil/Schweiz, unter Verwendung von
Illustrationen aus dem Innenteil des Buches
Satz: Hissek Satz & Litho, Konstanz

Heilige Göttin Tellus,
Mutter des Lebens und der Natur,
die du uns auf ewig unsere Nahrung schenkst
und in der wir, wenn uns das Leben verlassen hat,
unsere Zuflucht finden.
So kehrt alles, was du gibst,
in deinen Schoß zurück.
Zu Recht wirst du Mutter der Götter genannt,
denn durch deine Treue
hast du die Macht der Götter erobert.
Wahrlich, du bist die Mutter
der Menschen und der Götter,
ohne dich kann nichts gedeihen oder leben.
Du bist mächtig,
der Götter Königin und ihre Göttin.
Dich, Göttin, und deine Macht rufe ich nun an,
du kannst mir gewähren, was ich erbitte,
und dafür will ich dir,
Göttin, aufrichtig danken.

Lob der Göttin, 2. Jahrhundert u. Z.

Inhalt

Einführung

Menschen erzählen Geschichten. Wir erzählen unseren Kindern aber nicht nur Geschichten, wenn wir ihnen die Märchen der Gebrüder Grimm oder die Äsopischen Fabeln vorlesen, sondern auch wenn wir ihnen gegenüber vom Weihnachtsmann oder vom Osterhasen sprechen. Wir erzählen Freunden und Kollegen Geschichten, in denen wir das Positive hervorheben, um uns selbst ins beste Licht zu rücken. Tatsächlich konstruieren wir im Lauf unseres Lebens unsere Geschichte auf dynamische Weise und fügen der „Realität" dabei nachträgliche Einsichten, neue Weisheiten, aber auch Verleugnung hinzu. Selbst in der Geschäftswelt des 21. Jahrhunderts werden Geschichten eingesetzt, damit die Angestellten besser verstehen, „wie der Laden läuft". Und immer mehr Managementtrainer machen sich die Macht von Geschichten zunutze, um die Kreativität zu fördern, die von den heutigen Firmen so verzweifelt gebraucht wird. Warum tun wir dies alles? Weil Geschichten die Gefühle ansprechen und die durch sie transportierte Botschaft so das Herz ebenso wie den Verstand erreicht. Wie jeder Lehrer weiß, bleiben Geschichten, die die Vorstellungskraft anregen und die Sinne berühren, noch lange, nachdem sie erzählt wurden, in unserem Gedächtnis haften. Deshalb haben die großen Weisen wie Jesus Christus, Lao-tzu und Buddha durch das Erzählen von Parabeln mentale Bilder geschaffen. Sie wollten sichergehen, dass die Weisheit, die sie vermittelten, erinnert und getreulich an die nächste Generation weitergeben werden würde.

Ich möchte Sie nun in die magische, geheimnisvolle Welt einer anderen Form des Geschichtenerzählens einladen – in die Welt der Mythologie. Wie die Parabeln von Christus waren auch die Geschichten vom Wirken der Götter, Göttinnen und Superhelden wie Perseus und Herkules nicht nur zur Unterhaltung gedacht. In ihnen sind universelle Wahrheiten zum Thema Menschsein enthalten, die zeit- und kulturübergreifend sind, so dass sie heute noch ebenso gültig sind wie vor Tausenden von Jahren. Unsere Vorfahren erklärten sich die Welt durch Geschichten; Geschichten von Göttern, Göttinnen und Helden mit durchaus menschlichen Eigenschaften halfen unseren Vorfahren, große philosophische Fragen wie „warum sind wir hier?" zu erforschen. Diese Geschichten halfen ihnen auch, Naturphänomene wie Blitz und Donner zu verstehen, für die die Menschen der damaligen Zeit keine rationale Erklärung hatten. Dieselbe Vermenschlichung wurde auf abstrakte Konzepte angewendet. So erklärten sowohl die alten Griechen als auch die nordischen Völker das Konzept des Schicksals durch das Bild dreier Göttinnen, die in den betreffenden Kulturen als die Moiren beziehungsweise

Die Göttin von heute. Jede Frau besitzt das Potenzial, die Macht und die Freiheit, auf ihre Weise ihre eigene Göttin zu werden. Wir können uns dabei von vertrauten alten Mythen und Legenden inspirieren und leiten lassen und ihre Botschaften entweder annehmen oder ablehnen – ganz wie wir wollen.

Nornen bekannt waren (Seite 27). Man glaubte, dass diese Göttinnen das Schicksal der Menschen auf dieselbe Weise woben wie wir Tuch.

Mythologie diente aber auch politischen Zwecken und wurde von den Demagogen der damaligen Zeit benutzt, um die Ideologie der Herrschenden zu verbreiten. Wie in Kapitel 1 (Seite 16 bis 27) erklärt, sind Mythen dynamische Texte, die der jeweiligen Kultur angepasst werden. Demagogie ist kein Phänomen des 20. Jahrhunderts. Man denke nur daran, wie verschieden Jesus Christus je nach dem Fokus der vier Evangelisten beschrieben wurde. Matthäus, Markus, Lukas und Johannes schrieben deutlich unterschiedliche Versionen derselben Ereignisse nieder, weil jeder von ihnen seine eigene, sehr unterschiedliche Sicht des Lebens Christi hatte.

Als vor mehreren tausend Jahren überwiegend friedliche matriarchalische Gesellschaften – wie die des alten Kreta – von aggressiven patriarchalisch organisierten Völkern überrannt wurden, veränderten sich die Geschichten, die Sinn und Zweck des menschlichen Daseins erklären sollten, um die neuen patriarchalischen Werte zu verbreiten. Die Mythologie steht im Gegensatz zu dem, was uns die Bibel erzählt, denn durch diese Geschichten erschufen unsere Vorfahren Götter nach ihrem Ebenbild. In der Mythologie der Hindus war dies durchaus wörtlich gemeint, denn von Mahadevi, der Großen Göttin, hieß es, sie habe aus ihrem Körper das Universum erschaffen – die Meere waren ihre Eingeweide, die Berge ihre Knochen und die Bäume ihr Haar. Wie Nietzsche sagte, gaben die Götter der griechischen Mythologie dem Leben einen Sinn, indem sie es lebten.

Unglücklicherweise ist der Begriff „Mythos" heute gleichbedeutend mit Unwahrheit oder fehlerhaftem Verständnis geworden – aber nichts könnte weiter von der Wahrheit entfernt sein. Das Wort selbst kommt aus dem Griechischen und bedeutet einfach „Geschichte". Mythologie sollte nicht mit Legenden, Volksmärchen oder den Glaubensvorstellungen verwechselt werden, auf denen die monotheistischen Religionen beruhen. Die Mythologie verbindet die Welt der Sterblichen mit der der Unsterblichen

Die dramatischen Gestalten der Mythologie repräsentieren Archetypen oder Persönlichkeitsmuster. Indem wir die verschiedenen Anlagen – funktional oder dysfunktional – erkennen, gewinnen wir Einsichten, wie wir die geistigen, emotionalen und spirituellen Herausforderungen, denen wir uns auf unserer Reise von der Geburt zum Tod gegenübersehen, besser bewältigen können. Wichtiger noch: Archetypen helfen, uns die Aspekte unserer Persönlichkeit bewusst zu machen, die wir unterdrücken.

oder, metaphorisch ausgedrückt, die bewussten und unbewussten Bereiche unseres Geistes. Tatsächlich ist sie wahrhaftig eine Religion, die die ursprüngliche Bedeutung des Wortes erfüllt: „religio" heißt „wieder verbinden". Durch das Verständnis der in den Mythen enthaltenen Botschaften sind wir besser in der Lage, die Fragmentierung der menschlichen Seele zu beenden, die seit Tausenden von Jahren stattgefunden hat.

Mythen können eine ebenso traditionelle Erzählform haben wie Legenden, aber im Gegensatz zu diesen – wie zum Beispiel die von König Artus oder Robin Hood, die wirklich gelebt haben sollen – sind die mythischen Gestalten fiktiv. Ihre zeitlose Qualität macht ein historisches Umfeld nötig. Während Volksmärchen die Bräuche, den Glauben und Aberglauben einer bestimmten Kultur widerspiegeln, ist die Mythologie eher ein „lebendiger Glaube" und in den Mythen werden die großen Themen wie Geburt, Tod, das Leben nach dem Tod oder Unsterblichkeit auf erzählende Weise dargestellt. Wie der Historiker Mircea Eliade erklärte, tragen Mythen dazu bei, die verborgensten Aspekte der Wirklichkeit ans Licht zu bringen, die auf keine andere Weise zugänglich sind. Ein Mythos ist eine Form des heiligen Symbolismus, durch den der Leser etwas über sich selbst herausfinden kann. Jeder Mythos ist eine fantastische Geschichte voller Kühnheit und Verwegenheit, aber hinter der Fassade einer Abenteuergeschichte liegt eine komplexe Welt psychologischer Erkenntnisse, die uns helfen kann, andere, positivere Möglichkeiten des Denkens, Fühlens und Verhaltens zu erforschen. In den Bildern von der Verwandlung eines Übermenschen sind Hinweise darauf versteckt, wie wir ein ausgeglicheneres, glücklicheres und erfüllteres Leben führen können, indem wir allgemein verbreitete emotionale Muster erkennen, akzeptieren oder abändern.

Ein Schlüsselthema dieses Buches ist es, alle Aspekte unseres Wesens ins Gleichgewicht zu bringen, damit wir weibliche Prinzipien wiederentdecken können, die erst durch die Vorherrschaft männlicher Götter wie Zeus und später im Judentum, Christentum und Islam durch den frauenfeindlichen Monotheismus unterdrückt wurden. Das gilt für jeden von uns – gleich ob männlich oder weiblich. Ein Ziel dieses Buches ist es

– durch die Konzentration auf die Göttin oder den weiblichen Archetypus –, einfach das Ungleichgewicht, das durch tausend Jahre männlicher Vorherrschaft entstanden ist, auszugleichen. Dabei ist es nicht das Ziel, eine Ideologie durch eine andere zu ersetzen, sondern männliche und weibliche Prinzipien so zu integrieren, dass unser aller Leben verbessert wird. Ein weiterer Schwerpunkt ist das Akzeptieren der Vielschichtigkeit des menschlichen Daseins, damit wir mit unserer Schattenseite ebenso in Kontakt kommen wie mit unserer „besseren" Seite. Auf diese Weise respektieren wir das höhere Selbst ebenso wie die Forderungen des Ego, den Heiligen wie den Sünder, das Göttliche ebenso wie das Teuflische. Warum das so wichtig ist? Weil wir nur, wenn wir uns selbst vollständig akzeptieren, so wie wir sind, anderen gegenüber mitfühlend, vergebend und nichturteilend sein können.

In mancherlei Hinsicht ähneln die alten Geschichten von den Taten der Götter und anderer Wesen den modernen wissenschaftlichen Erklärungen der kosmischen Phänomene. Obwohl sie nicht über Computersimulationen und andere technologische Verfahren verfügten, kamen unsere Vorfahren in ihren Geschichten auf erstaunlich ähnliche Erklärungen bezüglich der kompliziertesten Fragen der Menschheit wie: „Wie wurde das Universum erschaffen?" Oder: „Wie begann das Leben auf der Erde?" Abgesehen von der Einfachheit der Erklärungen unserer Vorfahren und dem Fehlen eines zeitlichen Rahmens sind weder Wissenschaft noch Mythologie in der Lage, genau zu erklären, was eigentlich die Erschaffung des Universums ausgelöst hat. Obwohl wir großes Vertrauen in sogenannte Fakten haben, die uns die Wissenschaftler präsentieren, haben wir einige der größten wissenschaftlichen Entdeckungen tatsächlich der Vorstellungskraft zu verdanken. Die frühen Vertreter der Urknalltheorie formulierten sie nicht aufgrund von empirischen Beobachtungen, die ja bekanntlich die Basis der Wissenschaft bildet. Wie Darwins Entstehung der Arten oder Einsteins Relativitätstheorie wurde auch die Entdeckung der Ringstruktur des Benzols durch den deutschen Chemiker Kekulé von Stradonitz zunächst in dessen Fantasie vorweggenommen.

Zweck dieses Buches ist es, Ihnen durch die Erforschung der Archetypen, die durch fünfzehn Göttinnen aus verschiedenen Kulturen repräsentiert werden, zu helfen, die unbewussten Kräfte, die Ihre Einstellungen, Überzeugungen und Verhaltensweisen beeinflussen, besser zu verstehen. In Kapitel 2 zeige ich die effektivsten Methoden auf, wie mit dem Material der nachfolgenden Kapitel gearbeitet werden kann. Dazu gehört vor allem, dass Sie erforschen, was Sie für Ihr Selbst halten, und hinterfragen, ob es Ihnen dabei hilft oder Sie daran hindert, in Bezug auf den geliebten Partner, Ihre Familie und sich selbst das Leben zu führen, das Sie sich wünschen. Diese Selbsterforschung wird in Kapitel 6 zusammengefasst, dessen Fokus darin besteht, die verschiedenen Archetypen zu integrieren oder ins Gleichgewicht zu bringen – je nach dem, was Sie am dringendsten brauchen. Abgesehen von den Techniken, die in diesem Buch beschrieben werden, wird Ihnen besonders in den Kapitel 3, 4 und 5, in denen die verschiedenen Typen der Göttin beschrieben werden, ein anderes Schlüsselthema bewusst werden: Wie sehr unsere Gedanken, Einstellungen und Verhaltensweisen durch die patriarchalische Ideologie beeinflusst wurden, der wir seit unserer Geburt ausgesetzt sind.

Im folgenden Kapitel, in dem wir den historischen Aufstieg und Fall der Göttin untersuchen, werden wir entdecken, wie sehr der patriarchalische Dualismus – richtig gegen falsch, gut gegen böse, wir gegen sie – die Menschheit auf verheerende Weise gespalten hat. Da die patriarchalischen Gesellschaften nicht bereit sind zu akzeptieren, dass das Männliche und das Weibliche sich ergänzen, werden in ihnen Qualitäten wie Nähren, Mitgefühl, weibliche Intuition, Mutterschaft und Vermittlung äußerst gering geschätzt. Wir scheinen uns in einer Situation zu befinden, in der Frauen einfach nicht gewinnen können, da diejenigen von uns, die dieselbe Entschlossenheit und Direktheit zeigen wie Männer, als wenig weiblich abgestempelt werden. Manchmal scheint es, als ob Frauen nur ihrer körperlichen Vorzüge und ihres Sexappeals wegen geschätzt werden. Und wenn diese schwinden...

Ein aufschlussreiches Beispiel, welcher Wert Frauen beigemessen wird, findet sich in der Geschichte „Das Urteil des Paris", die für ein männliches Publikum im antiken Griechenland verfasst wurde und die letzten Endes zum Trojanischen Krieg führte. In dieser mythologischen Erzählung finden wir auch das Thema der dreigestaltigen Göttin (Seite 26 bis 27). Weil sie nicht zur Hochzeit von Peleus, dem König von Thessalien, mit der Meeresnymphe Thetis eingeladen war, schickte die Göttin der Zwietracht Eris als Geschenk einen goldenen Apfel. Der Preis sollte der schönsten Göttin des Olymps zufallen. Hera, Athene und Aphrodite beanspruchten den Apfel für sich. Der oberste Gott Zeus erkannte, welchen Streit eine Entscheidung seinerseits unter den drei willensstarken, stolzen Göttinnen auslösen würde, und bestimmte, dass ein Sterblicher, der schöne Paris, entscheiden sollte, wem der Preis zustand.

Nachdem jede der Göttinnen zugestimmt hatte, Paris' Entscheidung zu respektieren, nahmen sie an einem „göttlichen Miss-Universum-Wettbewerb" teil. Allerdings versuchte jede Göttin, seine Entscheidung zu beeinflussen. Zuerst kam Hera an die Reihe, die Göttin der Ehe und Gemahlin des Zeus – die Mutterfigur unter den drei Göttinnen. Sie bot Paris Macht an und versprach ihm, ihn zum Herrn über Asien und reicher zu machen, als er es sich vorstellen könnte – wenn er sich für sie entscheiden würde. Als nächstes kam Athene, die griechische Kriegsgöttin – die die Jungfrau repräsentierte. Bekannt als überlegene Strategin versprach sie Paris den Sieg in allen Schlachten und die Weisheit, mit der so erlangten Macht umzugehen. Zum Schluss kam Aphrodite, die Göttin der Liebe und Schönheit, die den jugendlichen Paris mit ihren Verführungskünsten überwältigte. Sie versprach ihm die schönste, leidenschaftlichste Frau der Welt zu geben: Helena, die Ehefrau des Königs Menelaos. Aphrodite repräsentiert hier einen weiteren Aspekt der dreifachen Göttin – nicht die weise Frau, die Witwe oder die Alte, sondern die Hure. Paris, der zuließ, dass Lust sein Urteilsvermögen trübte, erklärte Aphrodite zur Gewinnerin und löste durch die Entführung Helenas den Trojanischen Krieg aus.

Die Botschaft ist eindeutig: Männer reagieren nicht auf Reichtum, Macht, Weisheit oder Überlegenheit im Kampf, sondern auf Sex und physische Schönheit. Daher schätzen sie die anderen Gaben, die Frauen zu bieten haben, gering ein oder nehmen sie nicht einmal wahr. Zumindest hatte der Geschichtenerzähler genug Anstand, um darauf hinzuweisen, welch katastrophale Folgen es hat, wenn ein Aspekt der dreifachen Göttin mehr geschätzt wird als alle anderen. Angesichts dieser Propaganda, die in den patriarchalischen Kulturen seit mehr als dreitausend Jahren verbreitet wird, ist es kein Wunder, dass Frauen dazu erzogen werden, mehr Wert auf ihr Aussehen zu legen als darauf, ihre Persönlichkeit oder ihre Kommunikationsfähigkeiten zu entwickeln.

Die Göttin, in ihren verschiedenen Erscheinungsformen – Jungfrau, Mutter und Weise, Schwester, Ehefrau und Witwe, Licht, Schatten und vermittelnde Kraft –, bietet eine neue Perspektive, die Ihr Selbstbewusstsein stärken wird. Fragen Sie sich einmal, wie viel von Ihrem Wesen Sie als unwichtig, wertlos, negativ oder „dunkel" einschätzen und es daher unterdrücken. Die Weisheit des alten China lehrt uns, dass das Leben aus einander ergänzenden Polaritäten besteht – ausgedrückt im Konzept des Yin und Yang. Wir können wahre Freude nicht erkennen, wenn wir nie traurig sind; wir würden das Licht nicht zu schätzen wissen, wenn es keine Dunkelheit gäbe. Und ohne das Zusammenspiel von Sonne und Regen könnten wir uns niemals an einem Regenbogen erfreuen.

Wenn Sie sich die untenstehende Interpretation des Yin-Yang-Symbols anschauen, werden Sie sehen, dass jede Seite ein Element des anderen enthält. Jeder von uns – gleich welchen Geschlechts – besitzt sowohl männliche als auch weibliche Anteile.

Daher müssen wir uns alle wieder mit der Göttin in uns verbinden. Warum das so wichtig ist? Denken Sie einmal darüber nach, was „Macht" im extrem patriarchalischen Sinn während der Spanischen Inquisition, während der mittelalterlichen Hexenjagden oder in der von Männern dominierten modernen Geschäftswelt bedeutet, und vergleichen Sie das mit den archetypischen weiblichen Eigenschaften.

Er lehrte mich, wie man die Angel auswirft, wie man in eine Toilette pinkelt und einen Nagel einschlägt. Aber er hat mir nicht beigebracht, wie man aus dem Herzen spricht. Nach dreitausend Jahren Patriarchat und der Konzentration auf männliche Werte, in denen das Weibliche in uns allen zersplittert und vom Ganzen abgetrennt wurde, ist dieses Zitat eine traurige Anklage. Es beschreibt eine Zeit, in der die wissenschaftliche Weltanschauung versucht hat, alles zu unterdrücken, was nicht bewiesen werden kann – und dazu gehören auch die Liebe und die Existenz einer Höheren Macht. Wenn wir uns ausschließlich auf „Fakten" konzentrieren, leugnen wir den Wert der Eigenschaften, die traditionell als weiblich gelten, und nehmen uns die Möglichkeit, unser Menschsein vollständig zu erfahren. Im Allgemeinen lernen wir emotionale Dinge – wie wir aus dem Herz heraus leben – von unseren Müttern. Wenn wir den Archetypus der Großen Mutter oder der Göttin ablehnen, hat unser Leben weniger Sinn als das eines Roboters. Um die Göttin zu erwecken, müssen wir aus dem Kopf heraus und in das Herz hinein. Zweck dieses Buches ist es – gleich, ob Sie nun ein Mann oder eine Frau sind –, Ihnen zu helfen, sich wieder mit dem Weiblichen, dem Schatten und Ihrer Göttlichkeit zu verbinden. Ich fühle mich geehrt, Sie durch diese transformative Erfahrung zu geleiten. *Viel Spaß!*

Die Geschichte der Göttin

1

Vor langer, langer Zeit war Gott eine Göttin. Wenn man sich überlegt, dass unsere Vorfahren Götter nach ihrem Ebenbild schufen und ihnen menschliche Eigenschaften zuordneten, die der jeweiligen Kultur entsprachen, ist dies durchaus verständlich. Sowohl biologische als auch archäologische Indizien weisen darauf hin, dass im Mittelpunkt der frühen sozialen Entwicklung der Menschheit die Frau stand. Der Mann wurde weder für die Mutter noch das Kind als wichtig angesehen – der Kontakt des Mannes mit der Nachkommenschaft war für diese sogar mit Risiken verbunden. Bevor die Monogamie und die Ehe erfunden wurden, hatte eine Frau Sex mit mehreren Männern, von denen jeder als Vater des Kindes in Frage kam. Vor und auch noch nach der Jungsteinzeit hatten Mutter und Kind nur wenig Kontakt mit dem Vater. Da also das Austragen und Aufziehen von Kindern Frauensache war, mussten die Frauen die Verantwortung für die Nahrungsbeschaffung übernehmen. Als die Landwirtschaft die Jagd verdrängte, wurden Frauen zu Landbesitzerinnen. So gehörte also die erste ökonomische und soziale Macht den Frauen. Frauen gelten unter Prähistorikern heute als die Propagandisten dieser neuen Lebens-

CAMELOPARDALIS
LYNX
AURIGA
URSA MAJOR
CANES VENATICI
CASSIOPEIA
DRACO
GROSSER

weise und damit als Begründer der Kultur im eigentlichen Sinne. Die weiblichen Archetypen von Schöpfung und Zerstörung waren von jeher mit der Erde verbunden, von der die Gemeinschaft abhing. War der Boden fruchtbar, lebten die Menschen; war er unfruchtbar, starben sie.

In Catal Hüyük, der ältesten uns bekannten Stadt (circa 7200 bis 6500 v.u.Z.), haben Archäologen eine Fülle von Darstellungen üppig geformter Erdgöttinnen entdeckt. Bevor Archäologinnen wie Marija Gimbutas, Historikerinnen wie Gerda Lerner oder Autoren wie Merlin Stone nachwiesen, dass Gemeinden wie Catal Hüyük von friedliebenden, schöpferischen Menschen besiedelt waren, die matriarchalisch organisiert waren, wurde dies vielfach in Frage gestellt. Da nur wenige von uns archäologische Funde objektiv deuten können, geben wir ihnen oft Bedeutungen, die nicht beweisbar sind. Zudem ist vielen Historikern bei der Vorstellung einer Kultur, die auf der Verehrung der Göttin aufgebaut ist, unbehaglich zumute. Sie bezweifeln, ob in prähistorischer Zeit den weiblichen Qualitäten tatsächlich ein größerer Wert als heute zugemessen wurde. Wir wollen daher einige andere Indizien anführen, die auf die Bedeutung des Weiblichen in der damaligen Zeit hindeuten. Gräber aus der Eisenzeit in Nordeuropa weisen darauf hin, dass Frauen mit großem Prunk bestattet und ihnen wertvolle Grabbeigaben mitgegeben wurden, was auf ihren hohen sozialen Status hinweist. Wir wissen von weiblichen Herrscherinnen der Kelten wie der Königin der Iceni, Boadicea, oder den drei Schlachtgöttinnen, den Morrigan (siehe Seite 27), die eine wichtige Rolle in den Kriegen der Kelten spielten. Die Morrigan, die Gestaltwandler waren, verwandelten sich in Raben oder Krähen. Wurde eine dieser Todesbotinnen auf dem Schlachtfeld gesehen, galt dies als sicheres Zeichen für eine nahende Katastrophe. Vor der Vereinigung zu einem Einheitsstaat und dem Aufkommen des Konzepts der Gottkönige leiteten die Familien des alten Ägyptens ihre Abstammung von der mütterlichen Seite ab. In alten chinesischen Texten wird Tibet als „Land der Frauen" bezeichnet und Japan als „Land der Königinnen". Die Frauen im alten Kreta taten sich als Jägerinnen, Handwerkerinnen, Töpferinnen und Weberinnen ebenso hervor wie beim Springen über rasende Bullen. Auf Fresken wurden die Männer kleiner als die zentrale weibliche Figur – wahrscheinlich die Göttin oder die Hohepriesterin – dargestellt.

So hoben die ersten mythologischen Erzählungen die Bedeutung der Schöpferin hervor, die üblicherweise einen männlichen Partner gebar, mit dem sie dann Nachkommen zeugte. Diese Gefährten der Göttin galten der Mutter gegenüber weder als gleich noch als überlegen, sondern wurden einfach als notwendig angesehen, um Frauen zu schwängern. Bei den alten Sachsen bezeichnete das Wort für Ehemann einfach den Mann, der den Besitz der Frau hütete, da bei den britischen Stämmen bis zur Christianisierung der Landbesitz von der Frau an die Tochter vererbt wurde.

Wie also kam es, dass das Konzept einer allmächtigen Erdgöttin durch das von Männern dominierte Pantheon verdrängt wurde? Obwohl wir den genauen Zeitrahmen nicht kennen, wird angenommen, dass zwischen 4000 und 3500 v.u.Z. indoeuropäische Stämme aus den Steppen Kleinasiens süd- und westwärts ins alte Europa vordrangen und mit sich eine neue Kultur, neue ökonomische Handelsformen und eine neue Ideologie brachten: das Patriarchat. Diese kriegerischen Völker verwandelten die Struktur der Kulturen, die sie überrannten und ersetzten die weibliche religiöse Autorität durch männliche politische Macht. Die kleine herrschende Elite, deren Reichtum aus Pferden und Metallen bestand statt aus Land, verherrlichte die Maskulinität, weil sie kampfbereite Männer brauchte, die ihr den militärischen Erfolg sicherten. Ihre Götter waren Krieger, die von einer Himmelsgottheit angeführt wurde, die später als Zeus bekannt wurde. Die landliebenden Kulturen der Jungsteinzeit, die von Frauen geführt wurden, deren Verwendung von Metall sich auf Werkzeuge und Schmuck beschränkte, hatten Eindringlingen wie den Skythen vom Schwarzen Meer, die tödliche Waffen aus Metall schmiedeten, nichts entgegenzusetzen.

So wie die christliche Kirche später heidnische Feste umfunktionierte, um die alte Religion auszulöschen, wurde auch die Göttin in das neue patriarchalische Pantheon aufgenommen und neu interpretiert. Die neuen Herrscher konnten nicht nur in den Körper einer Frau eindringen, indem sie sie vergewaltigten, sie rissen auch die Macht der Frauen über das Land an sich, indem sie neue Geschichten über die Beziehung zwischen Mann und Frau verbreiteten. Indem sie bereits bestehende Erzählungen abänderten, versuchten die neuen männlichen Herrscher ihre Behandlung der Frauen zu rechtfertigen. So betrog der promiskuitive Zeus nicht nur seine Königin, die Göttin Hera, sondern vergewaltigte auch Nymphen, sterbliche Frauen und geringere Gottheiten. Wie hätte die kleine herrschende Elite ihre Macht besser behaupten können als durch die Glorifizierung des Patriarchats? Im Folgenden stelle ich einige Beispiele vor, in denen alte Erzählungen von der Macht der Göttin der neuen Ideologie angepasst wurden.

Bevor die barbarischen Jäger, die Dorer, in Griechenland einfielen und den Himmelsgott Zeus mitbrachten, verehrten die einheimischen Stämme die Große Göttin. Sie herrschte nicht nur über die fruchtbare Erde, sondern auch über den Himmel und die Unterwelt. Die Göttin galt sowohl als Spenderin des Lebens als auch als Bringerin des Todes. Eines der Symbole dieser obersten weiblichen Gottheit war eine Kuh namens Rheia, deren Alter Ego die Göttin Hera gewesen sein mag – was wörtlich „die Erde" heißt. Da der Kult der Hera älter ist als der des Zeus, gab es viele Tempel, in der einzig sie verehrt wurde. Wenn man eine starke existierende Religion in ein neues Regime integrieren will, welch bessere Methode könnte es da geben, als zu teilen und zu herrschen? Im Gegensatz zu den Israeliten, die behaupteten, dass ihr Gott Jahwe der einzige Gott sei, gingen die indoeuropäischen Eroberer viel heimtückischer vor. Im Lauf der Zeit wurde das Konzept der Großen Mutter aufgesplittert und so in das griechische Pantheon integriert, dass sie nun vielerlei Gestalt hatte – darunter auch die der Hera. Die Klassifizierung der griechischen Götter und Göttinnen kam später und wurde zum ersten Mal um 800 v.u.Z. von Hesiod in seiner Theogonie vorgestellt. Der Mutterkult der Hera ist aber weitaus älter. Die frühere Göttin hatte ohne Zweifel nur wenig Ähnlichkeit mit der patriarchalisch umgedeuteten Gefährtin des Zeus, die immer wieder von ihrem Ehemann gedemütigt und verletzt wurde. Was an der Geschichte der Heirat von Zeus und Hera so interessant ist, ist, dass sie aufzeigt, wie schwierig die Verbindung zwischen den patriarchalischen Eroberern und dem einheimischen Matriarchat war. Wie Sie in der Geschichte Heras (Seite 84) entdecken werden, wurde die Große Göttin auf eine stereotypisch eifersüchtige und rachsüchtige Ehefrau reduziert. Um ihr Ansehen bei der Bevölkerung zu verringern, wurde sie durch die Aktivitäten des „Vaters der Götter und der Menschen" lächerlich gemacht.

Da Mythen menschliche Erfahrungen widerspiegeln, sind manche Forscher der Meinung, dass diese unglückliche Verbindung die Lieblosigkeit in der damaligen Ehe repräsentiert. Das sollte nicht überraschen, wenn man bedenkt, dass viele Ehen aus der gewaltsamen Vereinigung von Menschen aus unterschiedlichen Kulturen hervorgingen. Die Geschichte von Zeus und Hera wirft auch Licht auf die psychologischen Herausforderungen, denen sich Krieger gegenübersehen, wenn sie gezwungen sind, sich in ein friedliches Leben einzupassen, da Zeus seine Frau missbraucht und Hera als sein Opfer dargestellt wird. Einer der negativen Aspekte des Hera-Archetypus ist ihre Unfähigkeit, ihre Wut gegen den Täter selbst zu richten. Stattdessen richtete Hera ihren Zorn und ihre Rachegelüste gegen die verschiedenen Frauen, die

von ihrem Ehemann verführt wurden, und gegen die Kinder, die er mit ihnen zeugte.

Es ist interessant, wie spätere männliche Erzähler Originalgeschichten abänderten, damit sie besser in die neue Ideologie passten. Demeter war ursprünglich die Mutter des Getreides (Seite 78 bis 83) und Persephone ihre jungfräuliche Tochter (Seite 56 bis 61). Ihre Geschichte bildete die Grundlage des Eleusinischen Mysterienkults. Obwohl dies ein religiöser Ritus war, der allen – Griechen wie Ausländern – zugänglich war, mussten die kriegerischen Eindringlinge davon ausgeschlossen worden sein, da Voraussetzung für die Teilnahme war, dass man kein Leben genommen hatte. Obwohl die Geschichte erst in Homers Hymne an Demeter gegen 700 v.u.Z. zum ersten Mal niedergeschrieben wurde, finden sich Hinweise auf Persephones Eintritt in die Unterwelt bereits seit 2000 v.u.Z. – als sie mündlich weitererzählt wurde – auf minoischen Gegenständen. Der prähellenische Mythos unterscheidet sich aber von der Erzählung Homers auf markante Weise. Der matriarchalischen Version des Mythos zufolge betritt die Jungfrau bereitwillig die Unterwelt und wird von Hades weder entführt noch vergewaltigt. In dieser Erzählung trifft Persephone auf die unglücklichen Seelen der Toten, während sie über die Hügel wandert und Blumen sammelt. Besorgt, dass diese niemand haben, der für sie sorgt, spricht sie mit ihrer Mutter. Die ältere Göttin antwortet, dass es eigentlich ihre Aufgabe ist, für diese Geister zu sorgen, dass sie diese Aufgabe aber vernachlässigt habe, weil sie sich um die Felder kümmern musste. Persephone bietet an, die Aufgabe zu übernehmen, und obwohl Demeter versucht, sie davon abzubringen, betritt die Jungfrau die Unterwelt – die auf frühen Töpferwaren als geöffnete Vagina dargestellt wird.

In den tiefen Abgründen der Erde ruft Persephone jeden der Geister zu sich und markiert ihre Stirn mit dem Saft des Granatapfels –

eine Geste der Einweihung, die es ihnen ermöglichen soll, in die Oberwelt wiedergeboren zu werden. Demeter betrauert den Verlust ihrer geliebten Tochter und vernachlässigt ihre irdischen Pflichten. Erst als sie im Frühjahr einen Krokus blühen sieht, wird sie mit ihrer Tochter wiedervereinigt. Die Mutter muss akzeptieren, dass ihr jungfräuliches Alter Ego einen Teil des Jahres in der Unterwelt verbringen muss, um die Geister zu trösten und sie anzuleiten, damit sie ihre nächste Inkarnation vollziehen können. Interessant ist, dass in diesem griechischen Mythos die neuen Herrscher es ihrer Frauenfeindlichkeit nicht erlaubten, ihre Intelligenz vollkommen zu verdrängen. Sie hatten zumindest den Anstand anzuerkennen, dass Frauen Macht über Männer besitzen, denn selbst der allmächtige Zeus musste zugeben, dass Demeter die Macht besaß, die Menschheit zu zerstören, indem sie verhinderte, dass die Pflanzen wuchsen. Deshalb war er einer späteren Geschichte zufolge gezwungen, Persephone zumindest für einen Teil des Jahres die Rückkehr zu gestatten.

Zweifellos war die katholische Kirche Jahrhunderte lang der größte Feind der Frauen und des Göttinnenkultes. Auf weitaus subtilere Weise als die indoeuropäischen Kriegsherren hat sie versucht, das Heidentum auszurotten, indem sie dessen Symbole übernahm und seine Feste in den christlichen Kalender aufnahm. Ein Beispiel dafür ist die heilige Brigitta, die ursprünglich eine dreigestaltige keltische Göttin war (Seite 26 bis 27), die einst als Brigantia in ganz Nordeuropa verehrt wurde. Brigitta war die Schutzherrin des Heilens, der Fruchtbarkeit, der Dicht- und Schmiedekunst zu einer Zeit, als weibliche Weisheit und Fähigkeiten hochgeschätzt waren und die Basis von Kulturen, die auf matriarchalischen Werten aufgebaut waren, bildete. Der Kult der Brigitta war in Irland so tief verwurzelt, dass die katholische Kirche aus der Göttin eine Nonne machte. Selbst das Konzept der heidnischen Dreiheit wurde christianisiert und fand in der heiligen Brigitta, ihrem Sohn Sankt Patrick und der jungfräulichen Märtyrerin Columba, der heiligen Taube, ihren Ausdruck. Das heidnische Fest der Brigitta, mit dem die Wiederkehr des Frühlings gefeiert wurde und das am ersten Februar stattfand, wurde von der Kirche in Lichtmess umgetauft und die keltische Göttin wurde kanonisiert.

Die Kirche verleibte sich viele dieser älteren Göttinnenmythen ein, und bereits die Bibel enthält viele solcher Geschichten – manche von ihnen nur mit geringen Abänderungen, aber immer mit einem deutlich antiheidnischen Unterton. So ist zum Beispiel die hebräische Darstellung von Adams erster Frau Lilith eine Variation der sumerisch-babylonischen Schöpfergöttin, die als Belili, Baalat, Astarte oder Eostra (die Wurzel von „Ostern") bekannt ist.

Bevor von Männern dominierte Gesellschaften die Frauen unterwarfen und die römisch-katholische Kirche Sex als böse und heidnisch verdammte, verbanden die matriarchalischen Gesellschaften Religion und Sexualität. Die Vereinigung von Männern und Frauen – mit der Betonung von Sinnlichkeit und Qualität – wurde ähnlich wie im Tantra des Ostens gesehen. Lilith – wie andere sexuell freie Göttinnen auch – repräsentierte Gleichheit in der Sexualität. Da sie nicht bereit war, ihre Freude am Sex zu unterdrücken und sich als gleichberechtigt mit Adam sah, repräsentierte sie antipatriarchalische Werte und wurde deshalb erst als böse dargestellt und schließlich ganz aus der Bibel gestrichen. Sie wurde durch Eva ersetzt, die sich Adam gegenüber unterwürfiger verhielt.

Eva wird mit der Schlange in Verbindung gebracht – einer frühen totemistischen Form der Großen Göttin, die Unsterblichkeit und die aktive weibliche Energie, die durch die Erde strömt, repräsentiert. Da die den Frauen innewohnenden Kräfte diffamiert werden mussten, weil die indoeuropäischen Kriegsherren Angst vor der weiblichen Spiritualität hatten, wurden Eva und der Schlange die Schuld an der Vertreibung aus dem Paradies gegeben – was den Status der Frau noch weiter unterminierte. Der ältere Mythos, in dem Lilith aus Erde geformt wurde, wurde weiter verzerrt, um die neue Männerherrschaft zu stärken. In der späteren Geschichte erschuf Gott Eva aus Adams Rippe, damit sie ihm eine Gefährtin sei. Aber in allen matriarchalischen Kulturen war die weibliche Gottheit – nicht die männliche – die Schöpferin.

Ein anderer Mythos, der den Zusammenprall von Matriarchat und Patriarchat illustriert, ist das Gilgamesch-Epos, in dem es im Grunde um die Erlangung von Unsterblichkeit geht. Dieses assyrisch-babylonische Epos, das um 700 v. u. Z. verfasst wurde, hat zweifellos die frühen jüdischen Verfasser der Bibel beeinflusst. In ihm kommen eine Schlange vor, eine Frau, die dem Helden Enkidu die „Unschuld" raubt (Adam im Garten Eden), ein Held, der die Flut überlebt (Noah), und prophetische Träume (Joseph und der Pharao).

Der Geschichte zufolge wird Gilgamesch von der Göttin Ischtar aufgesucht, die sich ihn zum Mann wünscht. Gilgamesch aber nennt sie eine Hure und weist sie zurück – vermutlich weil er weiß, dass sie ihre Liebhaber aus dem Haus wirft, wenn sie ihr nicht mehr gefallen. Der männliche Verfasser hat dabei zweifellos an die Riten gedacht, die die Priesterinnen der Ischtar vollzogen und in denen Bullen kastriert und die abgetrennten Genitalien der Göttin geopfert wurden. Außerdem ist ihm die Vorstellung, dass Sexualität heilig sein könnte und dass im sexuell-spirituellen Akt das Ego geopfert werden muss, wohl kaum besonders angenehm gewesen. Aus Rache, weil sie zurückgewiesen wurde, belegt Ischtar Enkidu mit einer tödlichen Krankheit. Wenn es eine geeignete Methode gibt, Frauen grundsätzlich zu unterwerfen, dann die, sie zu dämonisieren und auf diese Weise Angst und Misstrauen zwischen den Geschlechtern zu säen und die Verfolgung und Unterdrückung von Frauen zu rechtfertigen.

Die meisten Bücher, die mit dem Ziel geschrieben wurden, die Spaltungen zu erforschen und zu heilen, die durch die Unterdrückung des Weiblichen entstanden sind, konzentrieren sich auf die Göttinnen des antiken Griechenlands. Dies wird damit begründet, dass die griechischen Mythen in Kunst und Literatur weithin verbreitet sind. Mein Ziel ist es, diese Sicht zu erweitern. Deshalb werden Sie nicht nur Hinweise auf griechische, sondern auch auf Göttinnen aus dem keltischen, chinesischen, ägyptischen und nordischen Kulturkreis finden. Obwohl es Ähnlichkeiten bei räumlich und zeitlich voneinander getrennten Kulturen gibt, bestehen auch Unterschiede, derer man sich bewusst sein sollte. Es ist wichtig, das Matriarchat nicht für das Patriarchat mit umgekehrten Rollen zu halten. Robert Brifault schrieb 1927 in ***„Die Mütter“,*** dass in den primitiven matriarchalischen Gesellschaften die Frauen nicht die Männer beherrschten, sondern einfach ihre natürliche Autorität ausübten, die aus ihrer Verbindung zum Land und ihren kommunikativen Fähigkeiten entstanden war. Frauen waren also die Erfinder der Kultur. Es scheint heute fast unmöglich, dass eine solche weibliche Autorität einmal existiert hat. Die patriarchalische Mythologie ist viel leichter zu akzeptieren, weil sie das Leben beschreibt, wie wir es kennen: Männer wollen Kontrolle und betrachten Frauen als eine Art Naturschatz, der ausgebeutet werden kann. Die paternalistischen, monotheistischen Religionen – Christentum, Islam und Judentum – haben seit Jahrhunderten eine wichtige Rolle dabei gespielt, Frauen herabzusetzen. Weise Frauen, Kräuterkundige, Hebammen und Heilerinnen, die sich ihrer Spiritualität bewusst waren, wurden als „Hexen" bezeichnet. Aufgrund der Angst, die dies in einer von Männern dominierten Kultur hervorruft, die nicht versteht, dass es eine natürliche Gabe ist, mit der Natur zu kommunizieren, wurden Frauen unbarmherzig verfolgt.

Das Patriarchat war nicht immer die natürliche Ordnung der Dinge, es ist heute nur so, dass Männer – und Frauen – den Status quo aufrechterhalten wollen. Aber wenn wir uns wirklich wieder mit der Göttin verbinden und die psychologischen und spirituellen Brüche heilen wollen, die uns daran hindern, unser ganzes Selbst zu erkennen, dann müssen – und werden – sich die Dinge ändern. Das geschah vor Tausenden von Jahren, als das Patriarchat die matriarchalische Lebens- und Denkweise verdrängte, und es kann heute wieder geschehen. Wir müssen die Geschichten nur umschreiben – angefangen mit unserer persönlichen Geschichte.

Cerridwen, die Hüterin des Kessels der Inspiration und des Wissens, war eine mythische walisische Zauberin, die ihre Macht ausübte, indem sie sich verwandelte (Seite 114 bis 115).

Die dreifache Göttin

Die Zahl 3 gilt seit langem als etwas ganz Besonderes. Pythagoras, ein griechischer Philosoph und Mathematiker des sechsten vorchristlichen Jahrhunderts, nannte sie die „perfekte Zahl", weil drei als Ausdruck von Anfang, Mitte und Ende ein Symbol des Göttlichen sei. Tatsächlich taucht die dreifache Gottheit in den großen Religionen auf – vom Christentum (Vater, Sohn und Heiliger Geist) bis zum Hinduismus (Brahma, Vishnu und Shiva). Die alten nordischen Kulturen verehrten das Triumvirat Odin, Frigg und Baldr, während im alten Ägypten Osiris, Isis und Horus verehrt wurden. In der römischen Mythologie lag die Macht in den Händen von Jupiter (Himmel), Neptun (Meer) und Pluto (Unterwelt).

Die Trinität ist ein Motiv, das in allen möglichen Phänomenen zu finden ist. Sie symbolisiert die Summe aus einem (Einheit) und zwei (Dualität). Wir kennen drei Primärfarben (rot, blau und gelb), aus denen alle anderen Farben gemischt werden. Die Handwerkszünfte kennen drei Stufen: Lehrling, Geselle und Meister. Christus sprach vom Weg, der Wahrheit und dem Leben. In Märchen ist es üblich, dass die Fee drei Wünsche gewährt, wobei der dritte üblicherweise die Schwierigkeiten beseitigen soll, die entstanden sind, weil die beiden ersten dummerweise verschwendet wurden.

In diesem Buch werden die Göttinnen in die Archetypen Jungfrau, Mutter und Weise (oder Greisin) eingeteilt. Aber es gibt auch andere Möglichkeiten, die verschiedenen Energien und Qualitäten des archetypisch Weiblichen zu bestimmen. Wählen Sie die, die Ihnen am meisten zusagt.

Dreiergruppen Hier einige Beispiele für Dreiergruppen:

* Vergangenheit, Gegenwart, Zukunft
* Länge, Breite, Höhe
* Tier-, Pflanzen-, Mineralreich
* Flüssig, fest, gasförmig
* Masse, Kraft, Geschwindigkeit
* Luft, Wasser, Erde
* Körper, Geist, Seele
* Neumond, zunehmender, abnehmender Mond
* Jungfrau, Mutter, Alte (Greisin)
* Kind, Braut, Witwe
* Schöpfer, Zerstörer, Bewahrer
* Gebärende, Nährende, Todbringende

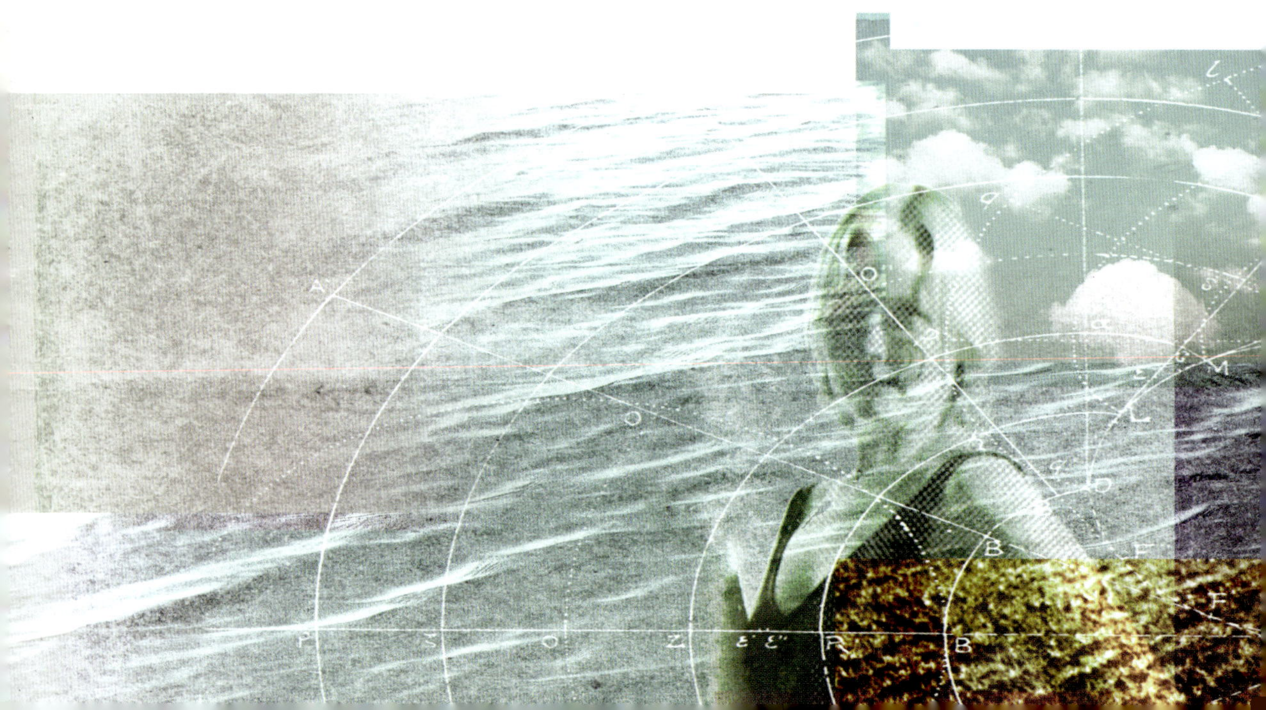

Traditionelle Dreiheiten In manchen Mythologien werden die verschiedenen Aspekte oder Energien der weiblichen Gottheit als Triade dargestellt. Zum Beispiel:

Die Wikinger hatten die Nornen, die nordischen Schicksalsgöttinnen:
✳ Urd – vergangener oder zunehmender Mond
✳ Verdanti – gegenwärtiger oder voller Mond
✳ Skuld – zukünftiger oder abnehmender Mond
Die Nornen entsprechen den griechischen Moiren, den Kindern der Schöpfergöttin Nyx:
✳ Klotho – die Spinnerin
✳ Lachesis – die Messende
✳ Atropos – die Unvermeidliche

Die alten Kelten Irlands hatten die Morrigan, eine Dreiheit aus Kriegs-, Fruchtbarkeits- und Vegetationsgöttinnen:
✳ Morrigan – die Phantomkönigin
✳ Badb – die Nebelkrähe
✳ Macha – die Rasende
Die Morrigan repräsentierten nicht nur die einander ergänzenden, erzeugenden und zerstörenden Charakteristiken des heiligen Weiblichen, sondern auch die harte, unnachgiebige, kriegerische Natur der keltischen Seele.

Die Furien waren drei Greisinnen des ältesten griechischen Pantheons, die in der Unterwelt Hades lebten und deren Aufgabe es war, die mütterliche Blutlinie zu schützen, indem sie – wie in der Geschichte von Klytämnestra und Orest – den Mord des Sohnes an der Mutter rächten.
Ihre Namen und Eigenschaften:
✳ Alekto – die niemals Ruhende
✳ Tisiphone – die Rächerin
✳ Megaira – die Eifersüchtige
Als die patriarchalischen Werte den älteren matriarchalischen Sinn entstellten, wurden die Furien gezähmt und in Eumeniden, die Gütigen, umbenannt.

In der Hindu-Mythologie wird die Verwandlung der Göttin in verschiedene Aspekte oder Primärenergien durch Shivas Frau Shakti illustriert. Sie wird Parvati, die wunderschöne Jungfrau, Uma, die hingebungsvolle Asketin, und Durga, die unbesiegbare Bezwingerin der Dämonen, genannt. Aber am bekanntesten – und am meisten verehrt – ist sie wahrscheinlich als Kali, die schwarze Mutter (Seite 98 bis 103), deren widersprüchliche Natur die Wiedergeburt repräsentiert, die auf die Zerstörung folgt. Kali wird üblicherweise nackt mit vollen Brüsten dargestellt. Blut tropft von ihren Lippen und Nägeln. In dieser furchterregenden Gestalt ist sie die Töterin der Dämonen.

Shakespeare arbeitet den Archetypus der Göttin in seine Stücke ein. Am bekanntesten sind wahrscheinlich die drei Hexen oder Greisinnen in *Macbeth* und die drei Töchter von König Lear:
✳ Goneril
✳ Regan
✳ Cordelia
Diese könnten den uralten Kampf zwischen der neuen patriarchalischen Ordnung (in der Gestalt des Lear) und der dreigestaltigen Göttin repräsentieren. Die Geschichte illustriert, welche Zwietracht der Dualismus sät, wenn ein Aspekt der Göttin – in diesem Fall, Cordelia – verneint wird.

Wie wir Zugang zur Weisheit der Göttin finden

2

Zwar ist es für jedes Buch wichtig, informativ und inspirierend zu sein, aber Selbsthilfebücher müssen zudem auch noch sehr praktisch sein. Sie müssen Methoden aufzeigen, durch die Sie die gewünschten Veränderungen in Ihren Einstellungen, Überzeugungen und Verhaltensweisen – und damit in Ihrem gesamten Leben – erreichen können. Deshalb werden Sie auch in diesem Buch eine Fülle von Werkzeugen und Techniken finden, die das Wissen der Göttin zum Leben erwecken. Manche werden Sie mehr ansprechen als andere, aber ich bitte Sie, allen gegenüber offen zu sein. Wir scheuen uns oft, mit etwas zu experimentieren, das nicht „unser Ding" ist. Aber wenn wir ein neues Gebiet erforschen wollen, sollten wir so gut wie möglich vorbereitet sein. Bitte lassen Sie sich auf dieses Buch ein. Sie werden sicherlich einigen Nutzen daraus ziehen, einfach etwas über die Göttin und die Rolle, die Mythologie und Rituale in unser aller Leben spielt, zu lesen. Aber nur wenn Sie etwas von Ihrer Zeit opfern, um die Übungen zu machen und sich wirklich auf die Archetypen einzulassen, können sich bedeutende Veränderungen einstellen. Wir wollen ja nicht nur ein intellektuelles Verständnis der Göttinnenarchetypen erlangen, sondern ein emotionales. Deshalb müssen Sie nicht nur mit dem Verstand, sondern mit Herz und Seele dabei sein. Bevor ich Ihnen detailliert erzähle, was Sie von diesem Buch erwarten können,

wollen wir zunächst mit dem Allgemeinen beginnen. Welchen Ansatz Sie wählen, ob intellektuell-theoretisch oder emotional-praktisch, bleibt Ihnen überlassen. Wenn Sie das Buch einfach nur lesen wollen und sich dabei überlegen, wie sich die Göttinnenarchetypen auf Ihr Leben auswirken, dann werden Sie daraus sicherlich einigen Nutzen ziehen. Aber wenn Sie Ihr Leben wirklich verändern und wahrhaft erfüllt und ganz werden wollen, dann bitte ich Sie, sich tiefer auf dieses Buch einzulassen.

Jede der in den Kapiteln 3, 4 und 5 dargestellten Göttinnen ist ausgewählt worden, um ein allgemeines Thema in der Beziehung zu Ihrem Partner, Ihrer Familie und – am wichtigsten – zu sich selbst zu verdeutlichen. Jede dieser Göttinnenmythen soll Ihnen dabei helfen, sich der Werte, Eigenschaften und Verhaltensweisen bewusst zu werden, die Ihnen nicht gut tun. Weil sie so tief in unserer Kultur und Erziehung verwurzelt sind, sind Sie sich ihrer wahrscheinlich überhaupt nicht bewusst. Nur wenn Sie die unterbewussten Themen ans Licht bringen und sich mit ihnen konfrontieren, können Sie dysfunktionale Einstellungen und Verhaltensweisen ändern. Der große spirituelle Psychologe C. G. Jung hielt den Archetypus der Göttin für eine machtvolle Kraft des Unbewussten und bezeichnete sie als einen ererbten Modus psychischen Funktionierens. Wenn Sie von den positiven Qualitäten des weiblichen Prinzips profitieren möchten, dann müssen Sie es in allen Bereichen des Lebens aktiv ausdrücken.

In Kapitel 6 wird gezeigt, wie Sie dieses Wissen zusammenführen können, damit Sie sich die Stärken der verschiedenen Göttinnen zu jeder beliebigen Zeit zunutze machen können. Das ist besonders dann wichtig, wenn Sie sich einem der großen Lebensthemen gegenübersehen – zum Beispiel, wenn Sie eine Partnerschaft eingehen, Beruf und Privatsphäre ins Gleichgewicht bringen wollen, sich mit ehelicher Untreue konfrontiert sehen oder damit umgehen müssen, dass die Kinder das Haus verlassen. In gewisser Hinsicht repräsentiert dieses Buch den ganzen Lebenszyklus. Es stellt Sie vor die Herausforderung, den Tod von veralteten Denkweisen zu akzeptieren, und zeigt Ihnen Möglichkeiten auf, wie Sie die Göttin in sich wieder zum Leben erwecken. Auf diese Weise wird das persönliche Wachstum angeregt und Sie werden endlich das Leben führen können, das Sie sich immer gewünscht haben.

Das weibliche Prinzip

Dieses Buch zeigt Ihnen, wie Sie das weibliche Prinzip in allen Lebensbereichen ausdrücken können, indem es

* die verborgene psychologische Weisheit dieser uralten Erzählungen erläutert,
* sowohl die funktionalen als auch die dysfunktionalen Eigenschaften jedes Archetypus hervorhebt,
* eine Reihe von Fragen stellt, die der Selbsterforschung dienen und Ihnen helfen sollen, sich leichter und schneller mit dem Weiblich-Göttlichen zu verbinden, um so der erfüllte Mensch zu werden, um den Sie immer wussten,
* Wege vorschlägt, wie Sie die von Ihnen gewählten Göttinnenarchetypen durch Visualisierungen, Affirmationen, Tagebuchschreiben (Seite 38 bis 39), Rituale (Seite 33) und die Gestaltung eines Altars (36 bis 37) entwickeln können.

Was Ihnen das Lesen dieses Buches bringen wird:

* Eine Einführung in das Wesen der weiblichen Spiritualität und wie sich die Archetypen auf Ihr Leben auswirken,
* einen Überblick über Aufstieg und Fall matriarchalischer Kulturen,
* Einblicke in eine Vielzahl von Kulturen, in denen die Göttin eine wichtige Rolle spielte,
* die Erkenntnis, dass für ein erfülltes Leben jeder von uns ein Gleichgewicht erreichen muss – nicht nur, indem wir erkennen, dass das Männliche und das Weibliche einander ergänzen und keine Gegensätze sind, sondern auch, indem wir die Kräfte der Göttin als Jungfrau, Mutter und Weise in uns mobilisieren.

Was Ihnen die Arbeit mit diesem Buch bringen wird:

* Eine Methode, durch die Sie erkennen, wie die verschiedenen Archetypen in Ihrem Leben wirken, und Techniken, durch die Sie gestörte Muster verändern und den positiven Einfluss der Göttin verstärken.
* Das Verständnis, wie Sie zu einer neuen Weltsicht beitragen können, in der sowohl männliche als auch weibliche Archetypen gleichermaßen für das geehrt und respektiert werden, was sie zum Reichtum der menschlichen Existenz bewirken.
* Eine Methode, durch die Sie erkennen können, wie weit soziale Konditionierungen Ihr Leben beeinflussen, und die Chance, zu erkennen, wie Sie sich das zunutze machen können.
* Eine Gelegenheit, kritisch zu hinterfragen, wie ausgeglichen Ihr Leben im Augenblick ist – und dies in der Gewissheit, dass Sie sich jederzeit für Gleichgewicht und Ganzheit entscheiden können.

Selbsterforschung ist ein wichtiges Element jedes Kapitels. Zusätzlich zu den allgemeinen Fragen, die am Ende dieses Kapitels und in Kapitel 6 gestellt werden, ist bei der Beschreibung jeder Göttin die Möglichkeit gegeben, Ihre Einstellungen und Verhaltensweisen in Bezug auf das betreffende Thema zu untersuchen. Die Antworten auf alle Fragen liegen in Ihrem Inneren. Dieses Buch ist lediglich ein Katalysator, der Ihnen helfen soll, die Weisheit Ihrer Seele aufzudecken. Sie haben das Recht, Ihr Leben so zu leben, wie Sie es möchten. Daher sollte Sie jedes Selbsthilfebuch – das den Namen verdient – unterstützen und führen, statt Ihnen bequeme „Antworten" zu geben. Ein wichtiger Teil der persönlichen Entwicklung besteht ja darin, dass Sie Verantwortung für Ihr Leben übernehmen. Genau das möchte dieses Buch erreichen.

Ich bin fest davon überzeugt, dass in uns die Antworten auf alle Fragen liegen, die jemals gestellt wurden, jetzt gestellt werden oder jemals gestellt werden mögen. Unsere Seelen sind das Gefäß des Göttlichen und so Vermittler göttlichen Wissens. Um Zugang zu dieser Quelle des Wissens zu finden, bitte ich Sie, sich die Zeit zu nehmen, um diese Fragen in sich wirken zu lassen. Tauchen Sie in die Themen ein, ohne eine Antwort erzwingen zu wollen. Wenn Sie sich entspannen und auf den Atem konzentrieren, werden Sie in der Lage sein, Zugang zu Ihrer Kreativität zu finden, die immer die beste Lösung für Sie bereit hält. Auf diese Weise werden Sie die Antworten fühlen – nicht nur denken.

Sie zielen darauf ab, Zugang zur Weisheit Ihres höheren Selbst zu finden, statt sich auf Ihr Ego zu verlassen, von dem Sie meistens beherrscht werden. Dieser Prozess kann allerdings nicht beschleunigt werden. Schließlich ist Selbsterforschung nicht die Sache eines Tages – auch wenn das jenen Menschen Unbehagen verursacht, die stets schnelle Lösungen wollen. Leben Sie einfach eine Zeit lang mit diesen Fragen.

Es heißt, ein Mythos sei die Rahmenhandlung, die durch das Ritual zum Leben erweckt wird. Jeder von uns – ganz gleich, wie sehr wir glauben, die Kontrolle zu haben – muss erkennen, dass das Leben oft unbeständig – um nicht zu sagen, chaotisch – ist. Unsere Vorfahren lernten damit umzugehen, indem sie regelmäßig symbolische Handlungen ausführten, die ihnen ein Gefühl der Sicherheit und Beständigkeit gaben. Unglücklicherweise sind Rituale fast völlig aus unserem Leben verschwunden. Die psychologischen Konsequenzen – zu denen eine weltweite Depressionsepidemie gehört – sind dramatisch. Selbst das gemeinsame Essen am Sonntag ist zu einer Vielzahl von individuellen Aktivitäten verkommen, wodurch das Gefühl der Trennung nur noch verstärkt wird. Ich ermutige Sie, Rituale zu einem regelmäßigen Teil Ihres Lebens zu machen, wenn Sie die Göttin in sich erwecken wollen. Dazu können regelmäßige Einträge in Ihr Tagebuch gehören (Seite 38 bis 39), der wöchentliche Besuch Ihres Altars (Seite 36 bis 37), bei dem Sie möglicherweise Veränderungen an ihm vornehmen wollen, aber auch ein Bad, bei dem Sie sich selbst als Göttin visualisieren. Um die Göttinnenenergie zu aktivieren und zu entwickeln, ist es wichtig, kleine, aber stete Schritte zu machen. Wenn Sie sich angewöhnen, Ihrer Arbeit mit der Göttin eine bestimmte Zeit und einen bestimmten Ort zuzuordnen – gleich, für wie viel Zeremoniell Sie sich entscheiden –, konstruieren Sie ein psychologisches Gerüst, das Ihnen hilft, mit den Unwägbarkeiten des Lebens besser umzugehen.

Wenn Sie ein Brett zurechtsägen wollen, hilft Ihnen ein Schraubenzieher nicht weiter. Sie werden es auch nicht schaffen, ein Regal gerade anzubringen, wenn Sie dafür eine Eieruhr statt einer Wasserwaage benutzen. Jeder von uns trägt einen „Werkzeugkasten" mit Archetypen in sich. Als solche bezeichnet man die vorbewussten Veranlagungen, aufgrund derer wir auf bestimmte Situationen reagieren. Das heißt, jeder von uns besitzt eine Reihe von instinktiven Denk- und Verhaltensmustern, die sich zu bestimmten Zeiten unseres Lebens manifestieren. Der archetypische Pool, aus dem unser psychisches

Selbst unsere Persönlichkeit aufgebaut hat, ist universell, aber die Mischung, die uns ausmacht, ist einzigartig. Unglücklicherweise sind wir – wie in der eben beschriebenen Analogie – oft schlecht ausgerüstet, um mit der Vielzahl von neuen Anforderungen umzugehen, vor die das Leben uns stellt. Deshalb ist es wichtig herauszufinden, welche Archetypen unserem psychologischen „Werkzeugkasten" hinzugefügt und welche weggelassen werden müssen.

Dabei sollten wir nicht in die Falle des patriarchalischen Dualismus fallen und einige dieser Tendenzen als „gut" und andere als „schlecht" bezeichnen. So ist zum Beispiel einer der wichtigsten Archetypen der Schatten, der die dunkle Seite unseres Wesens repräsentiert, die von der orthodoxen Religion als Satan personifiziert wird. So werden wir konditioniert, den Schatten in uns zu verleugnen. Weil dieser aber Teil der natürlichen Ordnung ist und daher nicht ausgelöscht werden kann, projizieren wir unseren Schatten auf andere. Und so glauben wir, dass es immer die anderen sind, die eifersüchtig, egoistisch, wütend oder gefühllos sind – und nicht wir. Aber wenn wir ehrlich sind, dann merken wir, dass uns immer genau die Eigenschaften an anderen stören, die wir in uns selbst nicht anerkennen. So regt sich das größte Lästermaul immer am meisten darüber auf, wie andere Leute lästern.

Die alten Göttinnenkulte akzeptierten die Rolle, die der Schatten im Leben spielt, weil sie verstanden, dass ohne ihn niemand ganz sein kann. Deshalb fühlten sich die Kulturen, die die Göttin verehrten, auch nicht unbehaglich, wenn sie die Göttin als Mutter des Schreckens ebenso anbeteten wie als Mutter der Güte. Sie erkannten die dunkle rachsüchtige Zerstörerin ebenso an wie die helle nährende Schöpferin. Beide sind Teil der Synthese von Leben und Tod.

Unsere Vorfahren erkannten, dass die menschliche Existenz ein Zusammenwirken von psychischen Kräften ist, die später als „gut" und „schlecht" bezeichnet wurden (siehe Yin und Yang, Seite 14 bis 15). Jedes archetypische Muster bietet uns die Möglichkeit, sich daran zu erfreuen oder etwas von ihm zu lernen. Die Archetypen ins Gleichgewicht zu bringen, beinhaltet die Erkenntnis, dass ihr Wert davon bestimmt wird, inwieweit sie uns helfen, das Leben zu führen, das wir uns wünschen. So können wir selbst die unerwünschten Seiten als Katalysatoren der Einsicht, des Verständnisses und des Wachstums nutzen. Das Zusammenwirken des sogenannten Positiven und Negativen wird in vielen Märchen wunderbar veranschaulicht. Wie in den Mythen, so sind auch in ihnen unzählige psychologische Metaphern zu finden. Meistens beginnt es mit einer glücklichen Situation, die sich plötzlich zum Bösen wendet, weil eine negative Figur auftaucht. Dank des Bemühens der Kirche, weise Frauen zu dämonisieren, ist dies meistens eine Hexe. Aber nur dank der Herausforderungen, vor die ihn die Schattenfigur stellt, kann sich der Held verwandeln und ein glückliches Ende herbeiführen. Der

Archetypus des Schatten ist der Teil in uns, dessen Existenz wir leugnen – der Spiegel, in den wir nicht schauen wollen.

In „Die Schöne und das Biest" ist die Liebe der jungfräulichen Schönen zu ihrem Vater unausgewogen, denn es fehlt – wie in dieser Situation ja auch richtig – das sexuelle Element. Die Schöne bittet ihren Vater, ihr eine weiße Rose von seinen Reisen mitzubringen – verglichen mit den extravaganten Geschenken, die ihre Schwestern verlangen, scheinbar ein durchaus unschuldiger Wunsch. Aber in ihrer Unschuld bringt die Schöne ihren Vater in eine missliche Lage, weil er die Blume aus dem Garten des Biests stiehlt und dafür bestraft wird. Weil er seine jüngste Tochter – die ihn so sehr liebt, dass sie ihr sexuelles Erwachen hinauszögert – stets als Kind betrachtet, verhindert er, dass sie zur Frau und damit ganz Mensch wird. Das Biest nimmt das Angebot der Schönen an, im Austausch für ihren Vater bei ihm zu leben – und verliebt sich sofort in sie. Er bittet sie immer wieder, ihn zu heiraten, aber sie weigert sich. Nachdem sie einige Zeit zwischen dem Haus des Vaters und dem Schloss des Biests hin und her gependelt ist (was ihre widerstreitenden Gefühle für die beiden männlichen Figuren widerspiegelt), erkennt die Schöne, dass das Biest sie mehr braucht und sterben wird, wenn sie nicht zu ihm zurückkehrt. Sie verspricht, es zu heiraten, als sie erkennt, dass sie sich in das Biest verliebt hat. Dessen hässliche Erscheinung repräsentiert den jungfräulichen Glauben, dass sexuelle Liebe widerlich und ekelhaft sein muss. Als sie ihn vollkommen akzeptiert, verwandelt sich das Biest in einen hübschen jungen Prinzen und die beiden leben glücklich bis ans Ende ihrer Tage. Oberflächlich betrachtet ist dies einfach eine niedliche Geschichte, aber wenn man tiefer schaut, ist es eine symbolische Darstellung der Notwendigkeit zu erkennen, dass wir sexuelle Wesen sind und dass wir den Übergang von der Unschuld der Kindheit zu sexuell aktiven Erwachsenen machen müssen. Das sexuelle Erwachen ist auch das Schlüsselelement der Geschichte von Persephone (Seite 56).

Seien Sie sich bewusst, dass die gestörten archetypischen Muster Ihnen in der Vergangenheit wahrscheinlich gute Dienste geleistet haben. Seien Sie Ihnen dankbar, dass sie Sie hierher geführt haben. Nun haben Sie die Gelegenheit, diejenigen anzunehmen, die Ihnen jetzt weiterhelfen. Ziel dieses Buches ist es, Ihnen zu helfen, bessere Entscheidungen zu treffen.

Die Errichtung eines Altars

Wenn wir anfangen, an unserer Selbstentwicklung zu arbeiten, ist es hilfreich, einen Fokus zu haben, der uns motiviert und stets an unsere Vision erinnert. Tagebuchschreiben (Seite 38 bis 39) ist dabei unerlässlich, aber wenn Sie Ihre Gedanken nicht jeden Tag aufschreiben, werden Sie Ihren Enthusiasmus wahrscheinlich nur eine paar Tage oder Wochen aufrechterhalten können und dann allmählich an Schwung verlieren.

Die Errichtung eines Altars, auf dem Sie Ihr Tagebuch und andere bedeutsame Gegenstände platzieren, wird Ihnen helfen, sich auf die spirituelle Reise, die Sie gerade antreten, zu konzentrieren. Daher sollte er an einem Ort – auf einer Fensterbank oder einem Möbelstück – sein, den Sie am Abend als letztes und am Morgen als erstes sehen – ideal wäre ein Nachttisch.

Ihr Altar ist ein heiliger Ort, auf den Sie jedes Objekt legen, das Sie an die Göttin und die Eigenschaften erinnert, die Sie in Ihr Leben integrieren möchten. Es sollte eine dynamische Mischung aus Farben, Formen und Gegenständen sein, die Sie mit der von Ihnen gewählten Göttin assoziieren.

Da dies Ihr persönliches Heiligtum ist, ist es wichtig, dass alle Gegenstände eine persönliche Bedeutung für Sie haben. Vertrauen Sie Ihrer Intuition. Wenn Sie die einzelnen Abschnitte über die verschiedenen Göttinnen gelesen und entschieden haben, welche für Sie besonders wichtig ist, bitten Sie das Universum, Ihre Aufmerksamkeit auf Gegenstände zu lenken, die Ihren Altar verschönern und bereichern – und ihm so Bedeutung verleihen. Machen Sie es sich zur Angewohnheit, Ihren Altar jeden Tag aufzusuchen und so viele Veränderungen vorzunehmen, wie Sie möchten.

Vorschläge für einen Altar

✳ Darstellungen der Göttin
✳ Symbole der Göttin
✳ Farbige und/oder Duftkerzen
✳ Kristalle
✳ Kleidungsstücke
✳ Blumen
✳ Handgeschöpftes Papier
✳ Statuetten
✳ Schmuck
✳ Räucherstäbchen
✳ Bücher (einschließlich Ihres Tagebuches)
✳ Duftöle

Ein Altar für Athene

Dies ist eine Liste der Dinge, die ich für meinen Athene-Altar (Seite 64 bis 65) gesammelt habe:

- Mein Tagebuch
- Affirmationskarten
- Ein Stück Eisen (für Stärke)
- Eine Spielzeugschlange (ein Symbol für Athene)
- Einen kleinen Silberschild
- Das Bild einer Göttin, die für mich Athene darstellt
- Eine Keramikeule (Symbol der Weisheit)
- Ein Foto von Athen (bei einem Urlaub dort aufgenommen)
- Ein Foto von mir, auf dem ich ein türkisfarbenes Kleid trage (anlässlich einer Zeremonie aufgenommen, auf der ich Athene verkörperte)
- Ein spitzes Stück lila Fluorit (steht für Unterscheidungsvermögen, Rationalität und Intuition – alles Eigenschaften der Athene).

Das Führen des Tagebuchs

Wenn Sie in irgendein Papierwarengeschäft gehen, werden Sie dort ein großes Spektrum schön gebundener Tagebücher finden. Kaufen Sie eins, in dem Sie das Erwachen der Göttinnenenergie dokumentieren können. Wählen Sie eins, das Sie anspricht – nicht nur visuell, sondern auch der Qualität des Papiers und der Größe wegen, je nachdem, ob Sie es bei sich tragen wollen oder nicht. Ich liebe es, ein neues Tagebuch zu beginnen. Jede neue Seite ist ein Neuanfang, der alle Möglichkeiten in sich birgt. Wenn ich die Seiten berühre, überkommt mich ein Gefühl der Erwartung. Vielleicht möchten Sie sich auch einen neuen Füller kaufen – einen, der mit farbiger Tinte gefüllt werden kann, damit die Erfahrung des Tagebuchschreibens eine tiefere Bedeutung als andere Formen des Schreibens annimmt.

Gewöhnen Sie es sich an, jeden Tag – am besten vor dem Einschlafen – die Einsichten, die Ihnen die Arbeit mit diesem Buch vermittelt, niederzuschreiben. Zünden Sie eine Duftkerze an, und legen Sie beruhigende Musik oder Naturklänge auf, wenn es Ihnen hilft, sich zu entspannen oder kreativer zu sein. Genießen Sie es, die innere Reise aufzuschreiben, die Sie unternehmen, wenn Sie die Göttin in sich erwecken.

Warum Tagebuchschreiben?

Diese Art von Tagebuchschreiben ist die Aufzeichnung des inneren Lebens, während das normale Tagebuchschreiben eher eine Aufzeichnung äußerer Erfahrungen ist. Die Vorteile sind:

* Es ist ein tröstliches Ritual, das eine psycho-spirituelle Sicherheit von unschätzbarem Wert vermittelt.
* Sie bewahren so wichtige Einsichten auf, die Ihnen in Augenblicken der Innenschau und Stille kommen und die sonst möglicherweise vergessen werden.
* Sie werden so in die Lage versetzt, Fortschritte aufzuzeichnen und Rückschau auf vergangene Herausforderungen zu halten, um zu sehen, wie sich Ihre Einstellungen und Verhaltensweisen verändert haben.
* Ein Tagebuch bietet den sichtbaren Beweis für den Wert dieser Arbeit und hilft Ihnen so, motiviert zu bleiben und sich auf das Ziel zu konzentrieren.

Wer glauben Sie zu sein?
Beginnen Sie eine neue Seite in Ihrem Tagebuch und schreiben Sie darüber: „Ich glaube, ich bin…" Arbeiten Sie dann mit den folgenden Fragen:

1. Wie fühlen Sie sich als Frau? Listen Sie 20 Worte auf, die Sie mit Weiblichkeit verbinden.

2. Haben Sie sich jemals gewünscht, lieber ein Mann zu sein? In welchen Situationen tauchen solche Gedanken auf?

3. Was mögen Sie an sich selbst? Schreiben Sie 50 positive Eigenschaften auf.

4. Welche Charaktereigenschaften halten Sie für „negativ"?

5. Was können Sie Positives an diesen negativen Eigenschaften finden?

6. Was haben Sie als Kind über die Beziehung zwischen Männern und Frauen erfahren? Wie war die Beziehung zwischen Ihren Eltern? Wie hat sie Ihre Überzeugungen geformt? Wurden Sie anders behandelt als Ihre Brüder? Welche Einstellungen lagen dem Verhalten Ihrer Eltern zugrunde?

7. Mit welcher Art Frauen kommen Sie am besten zurecht? Welche können Sie nicht leiden? Warum? Was sagt das über Sie aus?

8. Welche Zeitungen und Zeitschriften lesen Sie? Welche Botschaften verbreiten sie in Bezug auf die Rolle der Frau? Was empfinden Sie dabei? Stimmen sie mit Ihren eigenen Überzeugungen überein? Wie wirkt sich das auf Ihr Frausein aus?

9. Wenn Sie ein Buch schreiben würden, das Ihr Leben beschreibt, welchen Titel würden Sie ihm geben? Ist Ihre Heldin jung und unschuldig? Versucht sie sich im Leben zurechtzufinden? Ist sie Gefahren ausgesetzt? Dreht sich die Geschichte um eine Beziehung? Identifizieren Sie sich mit einer autonomen Frau, die sich im Leben auskennt?

10. Schauen Sie sich die Tabelle der Göttinnen an (Seite 130 bis 131). Welche spricht Sie an? Welche der dazugehörigen Worte haben am meisten mit Ihrem Leben zu tun? Erforschen Sie jedes dieser Worte. Welche Eigenschaften haben Sie, die Sie nicht wollen? Warum? Welche Eigenschaften oder Themen fehlen in Ihrem Leben?

Die Jungfrau

3

Die erste Kategorie des Triumvirats der Göttinnen wird als Jungfrau bezeichnet. Dieser Archetypus ist aber nicht unbedingt in dem Sinn jung oder jungfräulich, wie wir ihn heute verstehen. Die alten Griechen bezeichneten damit einfach eine Frau, die unverheiratet war und beschlossen hatte, ihr Leben allein zu verbringen. Es bedeutete nicht unbedingt, dass sie keinen Sex hatte. So vollzogen zum Beispiel die Vestalinnen, die Priesterinnen der römischen Göttin Vesta, die ihr Leben dem Geist Roms gewidmet hatten, die „Ehe", indem sie sich von einer phallischen Gottheit namens Palladium entjungfern ließen – die von einem Priester mit den Namen Pontifex Maximus dargestellt wurde. Interessant ist, dass dieser Name später dem katholischen Papst gegeben wurde. Natürlich wird von den heutigen „Bräuten Christi", den Nonnen, nicht verlangt, dass sie sich einer solchen sexuellen Einweihung unterziehen. Das verdeutlicht den Unterschied zwischen einer patriarchalischen, monotheistischen Religion und heidnischen Praktiken, für die die Sexualität etwas war, das gefeiert und verehrt werden sollte. Die weibliche Sexualität ist eine machtvolle schöpferische Kraft – wenn wir nur aufhören würden, sie als böse oder schmutzig zu sehen.

Die Bezeichnung „Jungfrau" trifft aber selbst in ihrem ursprünglichen Sinn nicht auf alle Göttinnen dieses Kapitels zu. Das Wort weist auf etwas hin, das nicht beschmutzt ist – wie jungfräulicher Boden, der frei von Pestiziden oder Düngemitteln ist. Athene und Artemis waren mit Sicherheit leidenschaftlich – allerdings nicht in Bezug auf Männer. Persephone – zumindest in der späteren Version des Mythos – wurde beschmutzt, als sie von Hades vergewaltigt wurde. Die fünf Göttinnen wurden von Männern vor allem psychisch berührt – daher wird das Wort Jungfrau benutzt, um diese mythologischen Gestalten zu beschreiben. Das heißt aber nicht, dass dieser Archetypus nur in den frühen Phasen des Lebens vorkommt. Einer der dysfunktionalen Aspekte dieses Archetypus ist ja die Kindfrau, die zwischen kindlicher Unschuld und erwachsener Sexualität hin und her schwankt.

Die jungfräulichen Göttinnen, die auf den folgenden Seiten beschrieben werden, besitzen positive Eigenschaften, mit denen Sie sich identifizieren werden – entweder, weil sie diese Eigenschaften bereits besitzen oder weil Sie sie entwickeln möchten. Das gilt besonders für die frühe, gewaltlose, matriarchalische Version des Persephone-Mythos. Alle Göttinnen leben ihr Leben so, wie sie es wollen. Somit repräsentieren sie die Freiheit, auf nichttraditionelle Weise zu leben, sich nicht durch patriarchalische Regeln einengen zu lassen und sich ganz einer Sache zu widmen, die ihnen wichtig ist. Jede von ihnen tut dies auf andere Weise.

Artemis entscheidet sich dafür, sich vollkommen von der Welt zurückzuziehen und stattdessen ihr eigenes Reich zu errichten, in dem sie mit der Schwesternschaft der Nymphen in der Natur lebt. Sie ist die archetypische Feministin – ein unabhängiger, selbstsicherer weiblicher Geist. Artemis verfolgt ihre Ziele auch ohne die Zustimmung der Männer. Ihre Identität und ihr Selbstwertgefühl beruhen auf ihr selbst und auf dem, was sie erreicht hat – und nicht auf den Errungenschaften des Ehemannes. Man findet sie heute in einem Labor, wo sie bis spät in die Nacht an einem wissenschaftlichen Projekt arbeitet, oder hinter den Kulissen, wo sie für soziale Reformen arbeitet oder für eine Sache kämpft, die ihr am Herzen liegt. Es gibt viele Artemis-Frauen in der Geschichte, denen wir dankbar dafür sein sollten, dass sie sich ganz ihrer Lebensaufgabe verschrieben haben – was von ihnen manchmal verlangte, dass sie unverheiratet blieben oder sogar im Zölibat lebten. Zwei berühmte Beispiele sind Florence Nightingale und Königin Elizabeth I. von England, die beide auf eine Partnerschaft verzichteten, um sich ganz ihrer Bestimmung hinzugeben.

Kuan-yins Widerstand gegen ihren Vater und die Kraft, mit der sie ihre Vision gegen die Erwartungen des von Männern dominierten China durchsetzte, scheinen sich nicht mit ihrem sanften, mitfühlenden Wesen zu vertragen. Aber wenn wir die Widersprüchlichkeiten des Lebens zu akzeptieren gelernt haben, ist es viel leichter, auch diese persönlichen Widersprüche zu verstehen. Statt dem Wunsch ihres Vaters nachzugeben und einen reichen Mann zu heiraten, widmete sich Kuan-yin – die eigentlich ein Bodhisattva und keine Göttin ist – ganz dem Gebet. Dank ihrer Kraft und Weisheit konnte sie sowohl ihrem Vater als auch dem Herrscher des Totenreiches trotzen, der dort die Seelen gefangen hielt, die sich nicht wieder inkarnieren konnten. Heute wird Kuan-yin sowohl in China als auch in chinesischen Gemeinden überall auf der Welt als Mutter des Mitgefühls und der Heilung verehrt, die sich dem Dienst an allen leidenden Seelen, die nach innerem Frieden streben, verschrieben hat. In der heutigen Welt wird Kuan-yin von jenen Frauen verkörpert, die es wagen, gegen diktatorische Regime aufzustehen und an ihren Überzeugungen festzuhalten – selbst wenn es ihr Leben kosten sollte. Sie ist die Göttin der inneren Werte, denn sie weiß, was für sie im Leben wichtig war, und ihre Einstellungen und Verhaltensweisen befanden sich damit in vollkommener Übereinstimmung.

Persephone widmet sich einer ähnlichen Sache wie Kuan-yin. Auch sie kümmert sich um die in der Unterwelt gefangenen Seelen. Aber nach der patriarchalischen Version der Geschichte (Seite 56) musste sie dramatische psychische Veränderungen durchmachen, bevor sie diese Aufgabe annahm. Dazu gehörten auch die Entführung und Vergewaltigung durch den Gott der Unterwelt Hades. Indem Persephone die Kindheit hinter sich lässt, wird sie zur Königin dieses Reiches. Die Autoren, die die ursprüngliche Geschichte veränderten, waren in ihrer männlichen Arroganz der Meinung, dass ein Mädchen erst durch die sexuelle Einweihung zu einer machtvollen Frau werden kann. Aber wie dies auch geschehen mag und was auch immer der Auslöser für diese Wiedergeburt sein mag, der Persephone-Archetypus nimmt ihre Aufgabe an und verwandelt selbst die unerfreulichsten Umstände in einen persönlichen Sieg. Die Geschichte hebt auch hervor, wie wichtig es ist, dass zwischen den Bedürfnissen mehrerer Personen ein Kompromiss gefunden wird – in diesem Fall zwischen ihren eigenen, denen ihres Mannes Hades und denen ihrer Mutter Demeter – und dass die verschiedenen Aspekte des Lebens ins Gleichgewicht gebracht werden.

Ein Schlüsselthema aller jungfräulicher Göttinnen – mit Ausnahme von Blodewedd – ist ihre Rolle als Tochter. Bei Athene und Kuanyin spielt die Beziehung zum Vater die entscheidende Rolle, bei Artemis und Persephone die zu ihrer Mutter. Daher wird besonders ein Thema mit diesem Archetypus assoziiert: Obwohl wir Produkte der Kultur, der Erziehung und der Lebensumstände sind, besitzen wir immer auch einen freien Willen. Die Mythen, um die es hier geht, zeigen, dass wir immer die Wahl haben, wer wir sein wollen, und dass wir auf die Herausforderungen des Lebens stets positiv oder negativ reagieren können.

Wie von so vielen spirituellen Lehrern gesagt, sind es nicht die Umstände, die unser Leben bestimmen, sondern wie wir auf diese reagieren. Das wird durch die Geschichte von Persephone illustriert, die schließlich ihr Schicksal akzeptiert und dadurch eine größere Reife und mehr Selbstbestimmung erlangt, als sie es sonst wohl hätte. Ich glaube, die Hauptursache des persönlichen Leidens ist der innere Kampf zwischen dem, was wir glauben haben zu müssen und dem, was wir haben sollen. Persephones Schicksal war es, Königin der Unterwelt zu werden – also eines furchterregenden und verhassten Ortes, an dem sie sich aber ein Leben erschaffen konnte, das für sie von persönlichem Wert war. Nach anfänglichem Widerstand ergab sich Persephone ihrem Schicksal und verbesserte dadurch nicht nur ihr eigenes Leben, sondern die gesamte Unterwelt. Ein modernes Beispiel dafür wird von Viktor E. Frankl beschrieben – einem Psychiater, der die Konzentrationslager überlebte. Obwohl in den Todeslagern der Nazis gefangen und trotz jahrelanger unbeschreiblicher Schrecken, schrieb er, dass wir immer die Wahl haben, da uns niemand die größte Freiheit nehmen kann: zu

bestimmen, wie wir auf die Umstände reagieren. Die Gefangenen, die selbst in einer solchen Situation einen Sinn suchten und fanden, konnten sich über die Umstände erheben und überleben – geistig gesund und mit ihrer Würde intakt.

Das Leben erwartet etwas von jedem von uns. Durch unsere Einzigartigkeit wird unsere Existenz so wichtig. Der Archetypus der Jungfrau bietet inspirierende Beispiele dafür, was Sie alles tun können, wenn Sie sich erst einmal dafür entschieden haben, diese Verantwortung zu übernehmen und Ihr Leben aufgrund Ihrer inneren Werte, Talente und Ziele zu leben.

Die Bedeutung des Mondes
Jede der drei Göttinnen-Archetypen wird mit dem Mond assoziiert. Die indoeuropäische Wurzel, aus der das Wort „Mond" abgeleitet wird, bildet auch die Grundlage anderer Wörter, zum Beispiel Menstruation, Mentor und Mentalität. Die frühen heidnischen Kalender basierten auf dem weiblichen Zyklus, da dieser den Mondphasen folgt. Beweise für diesen Brauch finden wir auf alten Kultgegenständen der Maya und der Chinesen. Die Gälen hatten dasselbe Wort für Menstruation und Kalender, und das römische Wort für Zeitmessung bedeutete wörtlich „Wissen von der Menstruation". Zeit war ein Konzept, das in vielen Kulturen von der Großen Muttergöttin begründet wurde. Einer Legende zufolge ist der Mond der Aufbewahrungsort für verschwendete irdische Schätze, wie Zeit und nicht in die Tat umgesetzte Absichten.

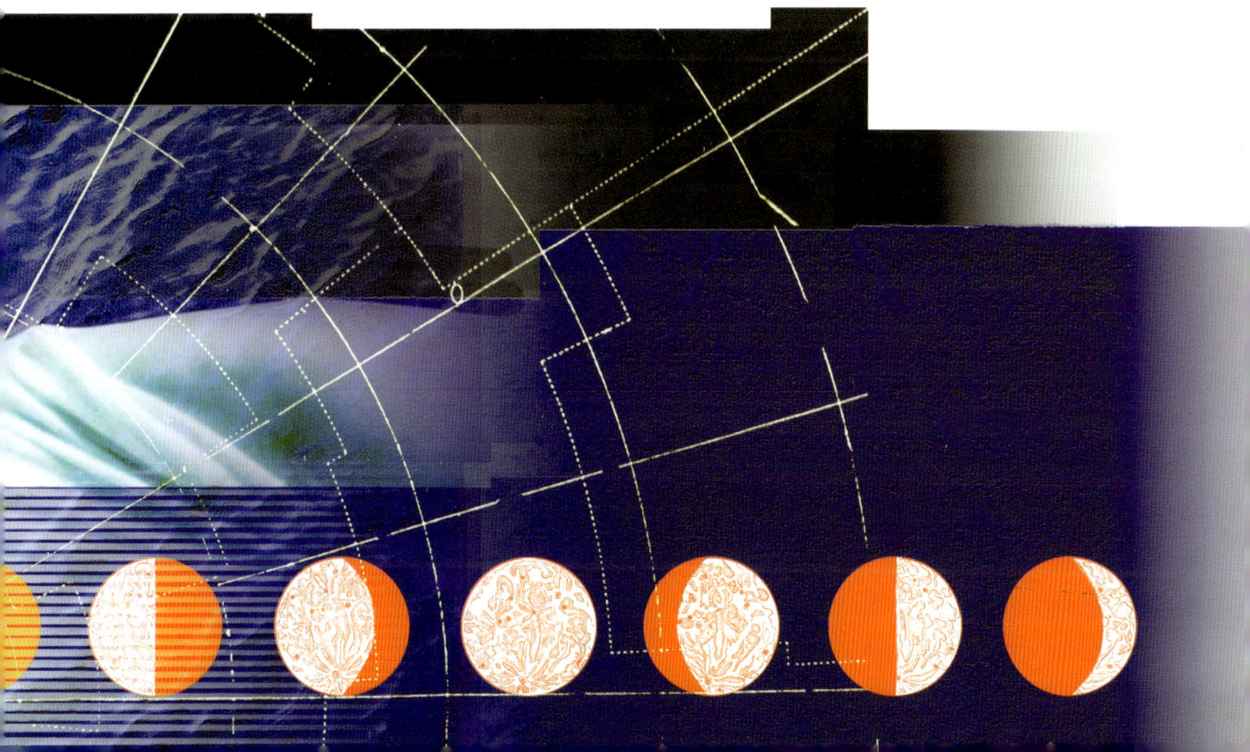

Artemis

Göttin der Jagd, der Wälder und der Fruchtbarkeit

Königin und Jägerin, keusch und schön
Nun sinkt die Sonne in die Nacht
Du sitzt auf deinem Silberthron
Hältst Hof in gewohnter Pracht
Ben Johnson, *Hymne an Diana*

Als Zeus' Frau Hera (Seite 84 bis 89) entdeckte, dass Leto von ihrem untreuen Ehemann geschwängert worden war, schickte sie den Drachen Python, um die schöne Naturgottheit zu quälen. Damit nicht zufrieden, belegte Hera sie auch noch mit dem Fluch, nur dort zu gebären, wo keine Sonne scheint. Schließlich entkam Leto auf die Insel Delos, wo sie Artemis gebar. Die nur Tage alte Artemis half ihrer Mutter dann, Apoll zur Welt zu bringen und wurde so zur Hebamme. Als sie ihrem Vater vorgestellt wurde, war dieser von der jungen Artemis so entzückt, dass er versprach, ihr alles zu geben, was sie sich wünschte. Artemis bat um die Dinge, mit denen sie traditionell dargestellt wird: einen silbernen Bogen, einen Köcher voller Pfeile, ein Rudel Jagdhunde, die Schwesternschaft der Nymphen, die Freiheit, die Berge und die Wildnis zu durchstreifen – und ewige Keuschheit.

Es gibt viele Geschichten über Artemis unbedingte Treue zu den von ihr Geliebten, aber auch über ihre Unbarmherzigkeit gegenüber denen, die sie verletzen oder missbrauchen. Als Niobe, eine anatolische Berggöttin, Leto verspottete, weil diese nur zwei Kinder hatte, während sie selbst sieben hatte, forderte die gekränkte Mutter Artemis auf, sie zu rächen. Die Jägerin tötete alle Nachkommen Niobes, worauf sich die grämende Mutter in einen Stein verwandelte, aus dem unaufhörlich die Tränen liefen.

Artemis verdeutlicht das Paradox der Göttin als Lebensspenderin (in ihrer Rolle als Schutzgöttin der Gebärenden) und als Todesbringerin. Sie repräsentiert die natürliche Gabe der Empathie, die Frauen zur Natur und zu allem, was darin lebt, haben. Eine der wichtigsten Eigenschaften einer erfolgreichen Jägerin ist der Respekt für ihre Beute, wodurch sie deren Fortbestand sichert. Zudem müssen Jäger intuitiv das Wesen derjenigen verstehen, die sie jagen, um ihre Spur verfolgen und ihre Bewegungen voraussehen zu können.

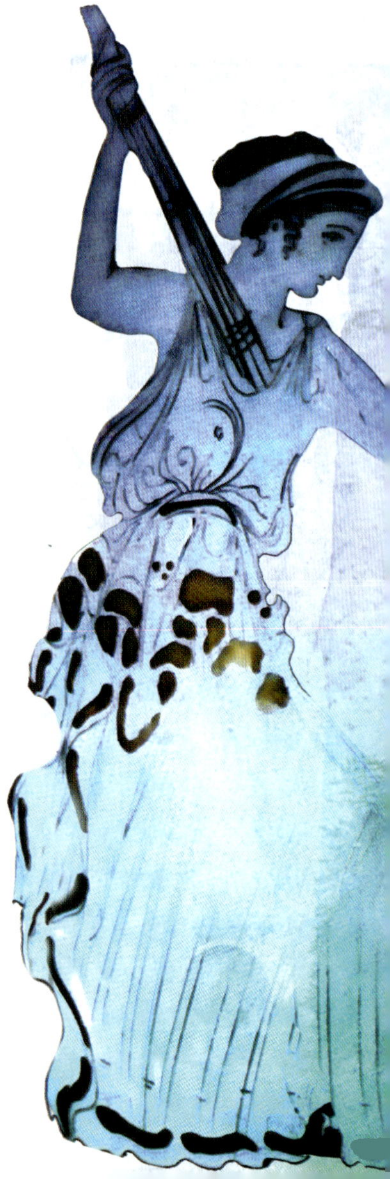

Die griechische Abstammungslinie

Artemis, die Zwillingsschwester des Sonnengottes Apoll, des Gottes der Dichtkunst und Weissagung, der Heilkünste und Musik, wurde aus der außerehelichen Verbindung von Zeus mit der Naturgottheit Leto geboren. Der Artemis-Kult gilt als der älteste und beliebteste der griechischen Göttinnenkulte und wurde im berühmten Tempel von Ephesos zelebriert. Hier stand eine vielbrüstige Statue der Göttin – die bei den Römern Diana hieß –, was ihre Stellung als Nährerin der gesamten Menschheit illustriert, weil sie wie das Wild, mit dem sie assoziiert wird, seine Jungen säugt.

Symbole
- ✳ Silberbogen und Pfeile
- ✳ Bärin (Beschützerin der Jungen)
- ✳ Löwin (königliche Eigenschaften und Jagderfolg)
- ✳ Mond
- ✳ Wild (Scheu und Empfindsamkeit)

Thema Selbstbestimmung
Schlüsselrolle Die unabhängige Abenteuerin
Lebensaufgabe Sicherzustellen, dass die starken emotionalen Grenzen keine Gefängnismauern werden.

Andere Artemis-Rollen
- ✳ Schwester
- ✳ Feministin
- ✳ Konkurrentin
- ✳ Mutter
- ✳ Wilde Frau
- ✳ Räuberin
- ✳ Rächerin

Eigenschaften	
Funktional	**Dysfunktional**
Unabhängig	Kompromisslos
Abenteuerlustig	Übertrieben konkurrierend
Selbstbewusst	Rachsüchtig
Nährend	Unbarmherzig
Leidenschaftlich	Überheblich
Unbezähmbar	Unberührbar
Beschützend (andere)	Gepanzert (selbst)

Artemis heute

Wenn Sie jemals die Nase voll von der Stadt hatten und der Zivilisation entfliehen wollten, um irgendwo allein nur mit ihren Haustieren in der Natur zu leben, oder wenn Sie sich einen Beruf ausgesucht haben, den Sie allein im Freien ausüben – vielleicht auf ökologischem Gebiet oder mit Tieren –, dann ist Artemis Teil Ihres Lebens. Sie ist aber auch die treibende Kraft in Frauen, die sich von Männern dominierte Berufe aussuchen – wie Automechanikerin, Ingenieurin, Försterin oder Lastwagenfahrerin – oder ihr Leben ganz dem Hochleistungssport widmen.

Artemis zeigt dieselbe Unabhängigkeit und denselben Geist wie Athene, aber auf andere Weise. Bei ihr ist es nicht der Intellekt, der die treibende Kraft ist, sondern ihre Sehnsucht nach körperlicher Freiheit. Unabhängig vom Alter ist Artemis der typische Wildfang – eine Frau, die das aktive Leben mehr liebt als alles andere. Da sie sportlich und voller Energie ist, gilt sie oft als „einer der Jungs" und findet sich so sowohl von Männern als auch von Frauen isoliert, die sie nicht verstehen und daher fürchten. Da sie sich auch psychisch den Menschen entfremdet fühlt, zieht sich der Artemis-Archetypus oft von der Welt zurück.

Wenn Sie unter dem Einfluss der Artemis stehen, fangen Sie vielleicht an, Ihre sexuelle Orientierung in Frage zu stellen. Viele Artemis-Frauen versuchen sich als Lesbierinnen – auch wenn dies nicht immer der Fall ist. Geschieht dies aber, wird sich eine moderne Artemis zu einer sexuellen Beziehung hingezogen fühlen, die ihren Wunsch nach tiefer Kameradschaft mit einer anderen Frau erfüllt, die dieselben Werte teilt. Mutterschaft ist kein wichtiges Thema für eine Artemis-Frau. Zwar mag sie Kinder, hat aber nicht den Wunsch, eigene zu haben. Selbst wenn sie eine Familie hat, wird sie sich von der Natur und der Einsamkeit angezogen fühlen, so dass ihre Kinder schon früh lernen müssen, so unabhängig zu sein wie ihre Mutter.

Eine voll entwickelte Artemis ist eine Frau, die ihr Leben selbst bestimmt und auch ohne einen Mann ganz ist. Aber – wie Sie aus den folgenden Fragen und Affirmationen ersehen können – es gibt möglicherweise eine tiefe Wunde, die der Heilung bedarf. Warum sonst würde eine Artemis-Frau vor Intimität mit anderen zurückschrecken? Wenn ein Artemis-Kind von den Eltern gescholten wird, weil es lieber im Sandkasten als mit Puppen spielt oder Tiere Büchern vorzieht, zieht es sich als Frau möglicherweise von der Gesellschaft zurück, um sich vor künftigen psychischen Verletzungen zu schützen. Zwar ist Unabhängigkeit eine erstrebenswerte Eigenschaft, aber wenn sie sich von der Gesellschaft zurückzieht, beraubt sie sich selbst der Freuden, die die Nähe zu anderen Menschen mit sich bringt. Es nimmt aber auch der Gesellschaft die Möglichkeit, eine in ihrer Mitte ruhende, ihr Leben selbst bestimmende Frau zu erleben.

Der Artemis-Archetypus – wie durch die Geschichten illustriert, in denen sich die Göttin an gedankenlosen, aber nicht unbedingt bösen Menschen rächt – neigt dazu, das Leben schwarz und weiß zu sehen: Wenn du nicht für mich bist, musst du gegen mich sein. Artemis ausgeprägtes Konkurrenzdenken kann sie anderen entfremden, und ihre Überheblichkeit kann verhindern, dass Freundschaften entstehen. Das weist darauf hin, wie wichtig es ist, dass Sie – wenn Ihre Artemis stark ist – dafür sorgen, dass Ihre starken emotionalen Grenzen nicht zu Gefängnismauern werden.

Wie Sie die Artemis in sich entwickeln

* Nehmen Sie sich Zeit, in der Sie ungestört sind.
* Setzen Sie sich bequem vor Ihren Altar, und entspannen Sie sich. Lassen Sie sich von den Gegenständen inspirieren.
* Zünden Sie eine Duftkerze oder Räucherstäbchen an, um eine meditative Atmosphäre zu schaffen.
* Zentrieren Sie sich, bis Sie ruhig und empfänglich sind. Atmen Sie tief und gleichmäßig ein und aus.
* Konzentrieren Sie sich auf die Themen, die Sie erforschen möchten. Lassen Sie Ihre innere Weisheit und Kreativität die Lösung finden.
* Anschließend schreiben Sie Ihre Entdeckungen und Einsichten in Ihrem Tagebuch auf.

Fragen zur Selbsterforschung

1. Wahre Intimität erfordert, dass Sie sich mit Ihrer Verletzlichkeit wohl fühlen. Was bedeuten „Intimität" und „Verletzlichkeit" für Sie? Inwieweit haben Sie wahrhaft intime Beziehungen entwickelt?

2. Auf welche Weise drücken Sie die „wilde Frau" in sich aus? Auf welchem Gebiet können sich Ihre Abenteuerlust und Ihr Forscherdrang voll entfalten?

3. Denken Sie an Zeiten, in denen Sie andere zu hart beurteilt haben. Wie oft sind Sie im Schwarzweißdenken gefangen? Was können Sie tun, um dies zu ändern?

4. Auf welche Weise verhindert Ihr Bedürfnis, sich zu schützen, tiefere Freundschaften?

5. Inwieweit ist die Hilfe, die Sie anderen gewähren, praktisch statt emotional?

6. Beruht Ihr Wunsch, allein zu sein, auf innerer Stärke, oder entstand er, weil Sie sich als Außenseiterin fühlen? Wie können Sie Ihr Bedürfnis nach dem Alleinsein mit der Teilnahme am gesellschaftlichen Leben vereinbaren?

7. Welche Art von Beziehung haben Sie bisher zu Männern gehabt? War sie von Konkurrenz geprägt, brüderlich oder kameradschaftlich statt sexuell? Was fühlen Sie dabei wirklich?

8. Stehen Beziehungen hinter Ihrem Beruf oder Ihren Interessen (zum Beispiel Sport oder Hobby) erst an zweiter Stelle? Ist es das, was Sie wirklich wollen? Wenn nicht, wie können Sie es ändern?

9. Was verbinden Sie mit dem Begriff „erwachsen"? Würden Sie sich damit beschreiben? Was macht Ihnen am Erwachsensein möglicherweise Angst?

10. Wie ausgeglichen ist Ihr Leben? Sind Sie gleichermaßen in den Bereichen Arbeit, Beziehungen (Liebhaber und Familie), soziales Leben, persönliche Entwicklung, Hobbys, gemeinnützige Arbeit, Gesundheit und Spiritualität engagiert?

Affirmationen

✳ Ich lerne, mich mit meiner Verletzlichkeit wohl zu fühlen. Ich akzeptiere, dass diese ein Zeichen der Stärke ist – nicht der Schwäche.

✳ Unabhängigkeit bedeutet nicht Isolation. Ich bin stolz darauf, meine Unabhängigkeit in der Gesellschaft zu zeigen.

✳ Ich verpflichte mich, Mitgefühl zu zeigen, bevor ich andere beurteile.

✳ Ich entscheide mich, meine Abenteuerlust auf kreative Weise auszudrücken.

✳ Um tiefere Beziehungen zu erleben, verpflichte ich mich, Mitgefühl und Empathie zu zeigen.

✳ Ich bin eine starke, ausgeglichene, unabhängige Frau mit klaren emotionalen Grenzen, und doch ermutige ich andere, die Nähe zu mir zu suchen.

Kuan-yin

Göttin der inneren Ruhe, des guten Gelingens und der Erleuchtung

In allen Ländern des Universums gibt es keinen Ort,
an dem Sie sich nicht manifestiert...
Ihr Mitgefühl, wundersam wie eine große Wolke,
aus der spiritueller Regen wie Nektar fällt
und die Flammen des Leidens löscht.
Aus dem Lotos-Sutra

Als einziges Kind eines reichen, grausamen Mannes sollte Miao Shan (Kuan-yins irdischer Name) mit einem Mann verheiratet werden, der der Familie mehr Reichtum und Status bringen würde. Aber das Mädchen hatte sich immer gewünscht, Nonne zu werden. Obwohl ihr Vater wusste, dass sie seit ihrer Kindheit anderen dienen wollte, ignorierte er die Wünsche seiner Tochter und bereitete die Hochzeit vor. Weil Miao Shan nichts sagte und auch sonst kein Interesse zeigte, glaubte er zunächst, er werde seine schwierige Tochter bald lossein. Als Miao Shan aber anfing zu beten, sperrte sie der entrüstete Vater in einen Turm, um sie für ihre Unnachgiebigkeit zu bestrafen. Miao Shan betete und meditierte weiter und weigerte sich, das Hochzeitsgewand anzuziehen. Außer sich vor Zorn, befahl der Vater seinen Soldaten, sie zu töten. Zwar wurde das sanftmütige Mädchen von allen geliebt, aber da die Soldaten Angst vor dem Zorn ihres Herrn hatten, brachten sie Miao Shan in ein Wäldchen und ermordeten sie dort. Als Miao Shan gerade in den Himmel aufsteigen wollte, hörte sie eine Seele auf der Erde schreien. Sie kehrte zur Erde zurück und schwor, solange auf der Welt zu bleiben, bis alle Leidenden von ihrem Leid erlöst werden. Aufgrund dieses selbstlosen Akts des Mitgefühls wurde Miao Shan in Kuan-yin verwandelt. Sie sitzt auf der Insel P'u-T'uo-Shan und erhört die Rufe aller, die sie um Beistand anflehen.

Bis heute wird Kuan-yin in China und in chinesischen Gemeinden verehrt. Die meisten Haushalte besitzen mindestens eine Statue, die sie in einen weißen Schleier gehüllt zeigt. Viele ihrer Anhänger machen eine jährliche Pilgerfahrt zum Miao-Feng-Shan-Tempel nahe Beijing, wo sie Kuan-yin bitten, sie von Krankheiten zu heilen und sie vom Elend der Welt zu erlösen.

Das chinesische Pantheon

Im alten China waren die Gottheiten wie die irdische Verwaltung in einer strengen Hierarchie organisiert. Manche waren nicht mehr als übernatürliche Beamte, die ihrem Herren Jade Rechenschaft ablegen mussten. Ein Hauptunterschied zwischen dem chinesischen Pantheon und denen anderer Kulturen besteht darin, dass die Aufgabe der Götter gleich bleibt, während die Götter selbst austauschbar sind, weil für die Chinesen Götter Menschen sind, die nach ihrem Tod vergöttlicht wurden. Die patriarchalische Struktur des alten China wird darin sichtbar, dass die Gottheiten der Sonne, des Regens, des Donners und des Winds ebenso männlich sind wie die der Unsterblichkeit und des Glücks. Nur die Mondgöttin ist weiblich und heißt Heng-O.

Symbole
- ✳ Lotusblüte (Reinheit, Schönheit, Spiritualität)
- ✳ Vase (in der das Wasser des Mitgefühls aufbewahrt wird)
- ✳ Edelsteine (zur Wunscherfüllung)

Thema Furchtloses Festhalten an inneren Werten, Ausleben dieser Werte, Integrität

Schlüsselrolle Fürsorge

Lebensaufgabe Anderen zu dienen und sich selbst dabei nicht zu vergessen.

Eigenschaften	
Funktional	**Dysfunktional**
Selbstlos	Aufopferungsvoll
Mitfühlend	Unrealistisch
Bedingungslos liebend	Ko-abhängig
Furchtlos	Nicht im Gleichgewicht
Klare Wertvorstellungen	Sich selbst vernachlässigend
Integer	Keine
Anderen dienend	Keine

Andere Kuan-yin-Rollen
- ✳ Bodhisattva – ein Mensch, der kurz vor der Erleuchtung steht
- ✳ Große Mutter Chinas
- ✳ Heilerin der Kranken
- ✳ Die Dame, die sich um leidende Mütter und Kinder kümmert

Kuan-yin heute

Nur wenige von uns können behaupten, so zielstrebig, tapfer und mitfühlend zu sein wie Kuan-yin. Aber in vielen von uns regt sich eine Leidenschaft, die wir aus Angst nicht anerkennen, geschweige denn, ausleben wollen. Frauen, die den Kuan-yin-Archetypus verkörpern, wissen wahrscheinlich schon seit frühester Kindheit, was ihre Lebensaufgabe ist. Dabei geht es meistens um Heil- oder Pflegeberufe – Ärztin, Krankenschwester, Sozialarbeiterin – oder um eine religiöse oder spirituelle Ausrichtung. Wie im Falle dieser asiatischen Göttin ist dazu oft Zielstrebigkeit auch gegen Widerstände – zum Beispiel fehlendes Verständnis seitens der Eltern oder des Partners – erforderlich.

Wenn der Kuan-yin-Archetypus eine starke treibende Kraft im Leben einer Frau ist, wird sie alle Schwierigkeiten überwinden, an ihrer Integrität festhalten und ihre Werte bewahren. Aber der Wunsch, für andere zu sorgen, sollte im Gleichgewicht mit der Sorge für sich selbst sein. Ihre eigene Gesundheit und Ihr Wohlbefinden, Ihre eigenen Bedürfnisse und Wünsche sind ebenso wichtig wie die derjenigen, für die Sie sich aufopfern würde.

Wie Sie die Kuan-yin in sich entwickeln

- Nehmen Sie sich Zeit, in der Sie ungestört sind.
- Setzen Sie sich bequem vor Ihren Altar, und entspannen Sie sich. Lassen Sie sich von den Gegenständen inspirieren.
- Zünden Sie eine Duftkerze oder Räucherstäbchen an, um eine meditative Atmosphäre zu schaffen.
- Zentrieren Sie sich, bis Sie ruhig und empfänglich sind. Atmen Sie tief und gleichmäßig ein und aus.
- Konzentrieren Sie sich auf die Themen, die Sie erforschen möchten. Lassen Sie Ihre innere Weisheit und Kreativität die Lösung finden.
- Anschließend schreiben Sie Ihre Entdeckungen und Einsichten in Ihrem Tagebuch auf.

Fragen zur Selbsterforschung

1. Welche beruflichen Träume, die sich nicht verwirklicht haben, hatten Sie als Kind? Gibt es einen Teil in Ihnen, der sich ein anderes Leben wünscht? Was hält Sie zurück?

2. Wie gehen Sie mit Widerstand gegen Ihre größten Wünsche um?

3. Wer hat gegen etwas Einspruch erhoben, von dem Sie leidenschaftlich überzeugt sind? Was ist daraufhin geschehen?

4. Spirituelle Lehrer haben immer wieder darauf hingewiesen, dass, wenn die Leidensfähigkeit groß ist, auch die Fähigkeit, Freude zu empfinden, groß ist. Was empfinden Sie dabei?

5. Vernachlässigen Sie sich selbst, wenn Sie anderen dienen? Wie können Sie dies besser ins Gleichgewicht bringen?

6. Warum möchten Sie sich um andere kümmern? Geschieht es wirklich aus bedingungsloser Liebe, oder suchen Sie unbewusst nach Möglichkeiten, Ihr Selbstvertrauen und Ihr Selbstwertgefühl zu steigern? Möchten Sie dadurch von anderen geliebt und geschätzt werden?

7. Wann haben Sie zum letzten Mal gebetet? Wie empfinden Sie Ihre Verbindung zum Göttlichen?

8. Inwieweit spüren Sie, dass Sie eine Lebensaufgabe haben? Was können Sie tun, um dieses Gefühl zu verstärken?

Eine Meditation auf den Namen Kuan-yin

- Seit Jahrhunderten sind die Namen von Gottheiten oder Heiligen auf rituelle Weise gesungen worden, um veränderte Bewusstseinzustände zu erlangen. In China heißt es, dass das Aussprechen von Kuan-yins Namen ausreicht, um den Kranken und Leidenden Trost zu spenden.
- Wann immer Sie die geistige oder körperliche Selbstheilung beschleunigen möchten, sprechen Sie den Namen von Kuan-yin aus. Wiederholen Sie ihn, bis Ihr Verstand von allen Sorgen befreit ist. Hören Sie dem Klang Ihrer Stimme zu; atmen Sie tief und gleichmäßig; entspannen Sie Körper und Geist. Nehmen Sie plötzliche Einsichten und Ideen, die Sie in die Tat umsetzen können, wahr.
- Eine Gehmeditation, bei der Sie den Namen Kuan-yin wiederholen, ist ein machtvolles und außerordentlich erfüllendes Ritual.

Persephone

Tochter, Todesgöttin, Königin der Unterwelt

Er ergriff sie, obschon sie sich wehrte,
und nahm die Weinende in seinem goldenen Streitwagen
mit sich fort.
Homer

Hades, König der Unterwelt, kam auf der Suche nach einer Frau zu Zeus, Persephones Vater, und bat ihn um ihre Hand. Zeus, der wusste, dass Persephones besorgte Mutter Demeter niemals einwilligen würde, schlug vor, dass Hades sie entführte. Eines Tages sah Persephone eine besonders schöne Narzisse. Als sie sie pflücken wollte, öffnete sich die Erde und Hades stieg empor. Er ergriff sie und verschwand in Sekundenschnelle mit ihr. Demeter war außer sich vor Trauer und suchte neun Tage und Nächte überall auf der Erde, wobei sie ihre Pflichten vernachlässigte, so dass auf Erden eine Hungersnot ausbrach.

Persephone, die aufgrund der Entführung und Vergewaltigung völlig verstört war, weigerte sich zu essen. Hades, der bereits in seine Braut vernarrt war, versuchte sie dazu zu bringen, Granatapfelkerne zu essen, da er von Zeus wusste, dass er Persephone nur dann an sich binden würde, wenn sie während ihrer Zeit in der Unterwelt äße. Aber Hades zwang sie nicht, und schließlich tat sie es freiwillig. Von der Hungersnot aufgeschreckt, die auf Erden herrschte, weil Demeter trauerte, sagte Zeus ihr, wo ihre Tochter war. Zudem schickte er Hermes mit der Botschaft zu Hades, der Mutter die Tochter zurückzugeben. Als sie wiedervereinigt waren, fragte Demeter ihre Tochter, ob sie in der Unterwelt etwas gegessen habe. Persephone sagte ihr, dass Hades sie dazu gezwungen hätte, und Demeter fürchtete schon, ihre Tochter für immer verloren zu haben. Aber es wurde ein Kompromiss gefunden. Persephone sollte vier Monate lang Königin der Unterwelt sein – im Winter, wenn die Mutter trauerte – und den Rest des Jahres bei ihr verbringen. Persephone akzeptierte ihr Schicksal aber nicht sofort. Im Hades eingesperrt, verfiel sie in tiefe Trauer – wodurch der Verlust der Kindheit und die Angst vor dem Erwachsenwerden repräsentiert wird. Aber Persephone erkannte, dass sie entweder ihr selbstzerstörerisches Verhalten fortführen oder den Schatten annehmen und Erfüllung finden konnte. Sie entschied sich für das Letztere und wurde Königin der Unterwelt.

Die griechische Abstammungslinie

Persephone ist die Tochter von Zeus und der Korngöttin Demeter (Seite 78 bis 83). Ihre Geschichte – und die ihrer Mutter – ist das zentrale Thema der Eleusinischen Mysterien, deren geheime Rituale vor der Ankunft des Christentums bei den agrarischen Stämmen des alten Griechenlands vorherrschten.

Symbole

* Narzisse (Symbol des Frühlings, der Wiedergeburt, des sexuellen Erwachens)
* Granatapfel (uraltes Symbol der Fruchtbarkeit)
* zwei Gesichter (Verbindung zwischen Mutter und Tochter)
* die Unterwelt (Repräsentant des Unbewussten oder der Schattenseite unseres Wesens)

Thema	Sexuelle Reifung; die Transformation oder der rituelle Übergang vom unschuldigen Mädchen zur machtvollen Frau
Schlüsselrolle	Die Entdeckung des sexuellen Selbst
Lebensaufgabe	Zu erkennen, dass Wandel nicht Tod bedeutet, sondern Transformation.

Andere Persephone-Rollen

* Kore („Jungfrau" oder Tochter)
* die römische Göttin Proserpina
* die Kornjungfer

Eigenschaften

Funktional	Dysfunktional
Hingebungsvoll	Abhängig
Abenteuerlustig	Angst vor Veränderung
Ausgeglichen	Depressiv/verzweifelt
Durch Widrigkeiten gestärkt	Unfähig, das Positive zu sehen
Das Wissen um die eigene Macht	Passiv

Persephone heute

Angst vor dem Erwachsenwerden – und den Schmerzen, die Menstruation und Gebären mit sich bringen – haben nicht nur junge Mädchen. Viele von uns haben Verhaltensweisen wie jene, die rechts aufgeführt sind und die zeigen, dass wir an Einstellungen festhalten, die für machtvolle Frauen, wie wir es sind, völlig unangemessen sind.

In einer Zeit, in der jeder Tag neue Herausforderungen mit sich bringt und in der unser Leben dermaßen chaotisch ist, sind viele versucht, wieder zum Kind zu werden. Schließlich war dies eine Zeit, in der niemand von uns erwartete, Verantwortung zu übernehmen, als alles nur Spiel und Spaß war (zumindest für die meisten) und als Sex etwas Ekeliges war, das nur Erwachsene taten. Es gibt unter Kindern so viele falsche Vorstellungen über Sex und die Pubertät, dass es nicht überrascht, dass viele von uns das Erwachsenwerden so lange wie möglich hinauszögern wollen. Die falschen Vorstellungen vom Sex, die Kinder haben und die durch inadäquate Erziehungsmethoden noch verschlimmert werden, können dazu führen, dass Mädchen prüde werden und sich weigern, erwachsen zu werden. So können sie niemals die reifen, machtvollen Frauen werden, die sie in Wirklichkeit sind.

Persephone-Frauen sind extrem passiv. Sie erwarten von anderen, etwas für sie zu verändern, weil sie sich mit dem Status quo ganz wohl fühlen. Sicher ist es immer da, wo sie gerade sind – und zwar auf körperlichem, emotionalem, geistigem und spirituellem Gebiet. Dort

Persephone-Verhaltensweisen

* Den Müttern zu gestatten, uns durch emotionale Erpressung dazu zu bringen, etwas zu tun, was wir nicht wollen.
* So zu tun, als wären wir dumme, unpraktische Weibchen, damit sich die Männer in unserer Nähe besser fühlen.
* Die Karriere oder das eigene Leben sabotieren, weil wir nicht glauben, dass wir Erfolg verdient hätten oder mit ihm umgehen könnten, und weil wir nicht versagen wollen.
* „Mami" und „Papi" zu unseren Eltern sagen, obwohl wir selbst schon Kinder haben.
* So zu tun, als wären wir hilflose kleine Mädchen, um uns so für Männer attraktiver zu machen.

fühlen sie sich vor den gewaltigen Veränderungen und dem Chaos, das sich auf alle anderen so verheerend auswirkt, sicher.

Aber Veränderungen sind unvermeidlich. So wie der Frühling dem Sommer weichen muss, der wiederum dem Herbst und der dem Winter weicht, ist unser Leben einem nie endenden Kreislauf des Wachstums und der Entwicklung unterworfen. Stillstand heißt Stagnation – das zeigt sich am Beispiel des stehenden Wassers, das fault und in dem nichts lange überleben kann. Statt unsere Identität von anderen bestimmen zu lassen, fordert uns das Leben heraus, unsere Aufgabe zu finden und sie anzunehmen. Die Herausforderung besteht darin, der beste Mensch zu werden, der wir werden können, und ein erfülltes Leben zu führen – selbst wenn die Umstände dafür nicht gerade ideal sind.

Die Entführung und Vergewaltigung Persephones durch Hades und ihre Verwandlung von einem passiven, unterwürfigen Kind in die mächtige Königin der Unterwelt erinnert uns daran, dass wir oft nur dann die Gelegenheit haben zu zeigen, woraus wir gemacht sind, wenn wir uns einer echten Herausforderung gegenübersehen.

Persephone-Frauen müssen die wahre Bedeutung ihres Lebens erkennen und herausfinden, warum sie hier auf Erden sind. Sie müssen sich ihrer Lebensaufgabe stellen. Nur dann werden sie aufhören, ständig auf das frühere, scheinbar so sorglose Leben zurückzuschauen, und die Gelegenheit ergreifen, ihr eigenes Schicksal zu bestimmen, um denen, die früher Macht über sie hatten, ebenbürtig zu sein.

Wie Sie die Persephone in sich entwickeln

- ✳ Nehmen Sie sich Zeit, in der Sie ungestört sind.
- ✳ Setzen Sie sich bequem vor Ihren Altar, und entspannen Sie sich. Lassen Sie sich von den Gegenständen inspirieren.
- ✳ Zünden Sie eine Duftkerze oder Räucherstäbchen an, um eine meditative Atmosphäre zu schaffen.
- ✳ Zentrieren Sie sich, bis Sie ruhig und empfänglich sind. Atmen Sie tief und gleichmäßig ein und aus.
- ✳ Konzentrieren Sie sich auf die Themen, die Sie erforschen möchten. Lassen Sie Ihre innere Weisheit und Kreativität die Lösung finden.
- ✳ Anschließend schreiben Sie Ihre Entdeckungen und Einsichten in Ihrem Tagebuch auf.

Fragen zur Selbsterforschung

1. Auf welchen Gebieten zeigt sich Ihre Passivität besonders stark? Wie können Sie selbst unter schwierigen Umständen Schwächen in Stärken verwandeln und die wahre Bedeutung Ihres Lebens erkennen?

2. Wie können Sie Empfindsamkeit und Hingabe mit Tatkraft und Konzentration ins Gleichgewicht bringen?

3. In welchen Bereichen halten Sie sich selbst zurück, um Verantwortung zu vermeiden, die Ihnen zu viel zu sein scheint? Im Beruf? Indem Sie noch kein Kind wollen? Indem Sie sich nicht fest auf jemanden einlassen wollen? Indem Sie klarere Grenzen zwischen sich selbst und Ihrer Mutter ziehen?

4. Scheinen Sie dem Leben ausgeliefert zu sein, oder nehmen Sie es in die eigenen Hände? Untersuchen Sie, in welchen Bereichen das gut war und in welchen nicht.

5. Geben Sie anderen Menschen die Schuld, dass sie über Ihr Leben bestimmen? Denken Sie an drei oder vier solcher Vorfälle: Wollte Ihre Mutter nicht, dass Sie zur Universität gehen? Hat Sie Ihr Mann in Ihrer Karriere nicht unterstützt? Hat Ihr Chef Ihre Fähigkeiten nicht ausreichend gewürdigt? Fragen Sie sich, ob es richtig war, Ihre Macht an einen anderen Menschen abzugeben. Sind Sie bereit, Verantwortung für Ihr Leben zu übernehmen?

6. Wie ist die Beziehung zu Ihrer Mutter? Ist sie von gegenseitigem Respekt geprägt?

7. Was macht Ihnen am Erwachsensein am meisten Angst? Woher kommt diese Angst, und was können Sie tun, um sie zu überwinden?

8. Haben Sie den Übergang zum Frausein jemals mit einem Ritual gefeiert? Welche Bilder und Symbole gehören zu einer solchen Zeremonie? Was sagen diese darüber aus, wie Sie sich als Frau fühlen?

9. Wer ist zu Ihrer Ersatzmutter geworden? Basiert diese Beziehung auf Gleichberechtigung?

10. Was fühlen Sie, wenn Sie sich festlegen sollen? Welche Entscheidungen zögern Sie im Augenblick hinaus, weil Sie keine Verantwortung übernehmen wollen oder weil Sie Angst haben, dass Ihnen dadurch andere Möglichkeiten entgehen?

Üben Sie, sich festzulegen

Weil Persephone-Frauen lieber spielen als erwachsen zu werden und Verantwortung zu übernehmen, zögern sie Entscheidungen häufig hinaus – im Beruf, bei einer Beförderung, in Bezug auf den Partner oder Kinder. Wenn Sie diese Tendenz bei sich feststellen, führen Sie die folgende Übung aus:

- ✳ Stellen Sie sich vor, dass Sie Ihr Leben objektiv von außen betrachten. Betrachten Sie ein privates oder berufliches Thema, bei dem Sie sich nicht festlegen können, aus der Sicht eines anderen.
- ✳ Schreiben Sie dieses Thema auf ein Blatt Papier, zum Beispiel: „Ich weiß nicht, ob ich eine neue Herausforderung in meinem Beruf möchte."
- ✳ Ziehen Sie durch die Mitte des Blattes eine Linie, und schreiben Sie über die eine Seite „Ja" und über die andere „Nein". Schreiben Sie dann pro und kontra auf.
- ✳ Tun Sie dies eine Woche lang, und fügen Sie weitere Pros und Kontras hinzu. Hören Sie dabei nicht nur auf Ihren Kopf, sondern auch auf Ihr Herz. Schauen Sie nach einer Woche, welche Seite die meisten Einträge hat.
- ✳ Wenn die Jas überwiegen, betrachten Sie dies als eine Aufforderung zum Handeln. Wenn die Neins überwiegen, schauen Sie sich die einzelnen Punkte noch einmal an und fragen Sie sich, ob ihnen Ängste, überholte Einstellungen oder Verhaltensweisen zugrunde liegen.

Blodewedd

Der Archetypus der Waisen

Die jungfräuliche Göttin der Waliser wird wie Athene mit der Eule assoziiert, aber aus einem ganz anderen Grund. Sie wurde von zwei Zauberern aus Blumen erschaffen (ihr Name bedeutet „die Blumengesichtige"), um die Frau des jungen Gottes Llew Llaw Gyffes zu werden, der von seiner Mutter Arianrhod mit dem Fluch belegt worden war, niemals eine Menschenfrau zu bekommen. Zwar war Blodewedd außergewöhnlich schön, aber ihre Persönlichkeit war abwechselnd charmant und hinterhältig. Sie verliebte sich in einen Jagdgott namens Gronw Pebyr, mit dem sie den Tod ihres Gatten plante. Dies war keine leichte Aufgabe, da er nur unter ganz besonderen Umständen getötet werden konnte – von einem Speer, der seitwärts in einem bestimmten Winkel in seinen Körper eindringen musste. Als Strafe für dieses Verbrechen wurde Blodewedd von den Zauberern in eine Eule verwandelt – ein Geschöpf, das nur nachts fliegt und tagsüber Gefahren von allen anderen Raubvögeln ausgesetzt ist.

Die heutige Blodewedd ist eine Frau, die

* glaubt, sie wäre ohne Partner nichts und ihr einziger Lebenssinn bestünde darin, Ehefrau zu sein.
* sich in den Falschen verliebt und dann ihre Gefühle nicht offen ausspricht, sondern untreu wird oder den Partner sogar zerstört, statt ihren Fehler zuzugeben.
* zwar einen schönen Körper hat, der es aber an inneren Werten fehlt und die nicht begreift, dass Schönheit von innen kommt und dass es das ist, was uns zu Menschen macht.

Symbole

- ✳ Eule (der Vogel, in den sie nach ihrem Verrat verwandelt wurde, weil sie nicht getötet werden konnte)
- ✳ Spierstrauch, Eiche und Besenginster (aus ihnen wurde sie als eine Art weiblicher grüner Mann erschaffen)
- ✳ Frankensteins Monstrum hat große Ähnlichkeiten mit dieser Geschichte, weil auch er die ihm zugedachte Rolle nicht spielen wollte – mit tragischen Konsequenzen.

Dysfunktionale Eigenschaften
Seelenlos
Kindfrau
Unausgeglichen

Was wir von Blodewedd lernen können

Auf den ersten Blick scheinen wir wenig von Blodewedd lernen zu können (außer Verrat), aber sie zeigt eine wichtige Lektion auf, die besonders für attraktive Frauen wichtig ist, weil diese dazu neigen, sich ausschließlich auf ihre Schönheit zu verlassen. Studien haben gezeigt, dass attraktive Menschen besser bezahlt werden, eher bekommen, was sie wollen, und allgemein denen vorgezogen werden, die nicht so anziehend sind. Wer ständig diese Art von Bestätigung bekommt, muss aufpassen, dass die Persönlichkeit und die Seele nicht zu kurz kommen. Viele von uns „donnern sich auf" und setzen ihre Sexualität ein, um vom anderen Geschlecht das zu bekommen, was sie wollen. Dieses manipulative Verhalten trägt nicht zu unserer Entwicklung bei, wenn es unser einziges Mittel ist, mit den Herausforderungen des Lebens umzugehen. Wenn Sie sich versucht sehen, sich auf diese Weise zu verhalten, denken Sie an Blodewedd, ein schönes, aber seelenloses Geschöpf, dessen Hinterhältigkeit viel Leid verursachte – auch ihr eigenes. Eine voll entwickelte Frau hat viele andere Ressourcen zu ihrer Verfügung, darunter Persönlichkeit, Intelligenz und Charisma. Denken Sie daran, dass Blodewedds Untergang kam, weil sie diese Eigenschaften von Anfang an nicht hatte. Aber wir tragen sie in uns, und es ist unsere Verantwortung, sie zu entwickeln.

Athene

Der Archetypus der Kriegerin

Die griechische Kriegsgöttin, die dem Kopf ihres Vaters Zeus voll ausgewachsen entsprang, war eine ausgezeichnete Strategin und die Förderin von Helden wie Achill und Odysseus. Sie besitzt viele Eigenschaften, die als männlich gelten, weil sie die Logik der Intuition vorzieht, den Intellekt dem Gefühl und den Erfolg den Beziehungen. Da sie extrem praktisch denkt, ist eines ihrer Symbole die Eule, die die Weisheit der Göttin repräsentiert.

Die heutige Athene ist eine Frau, die

- ✳ ihrem Vater näher steht als ihrer Mutter
- ✳ männliche Gesellschaft der von Frauen vorzieht
- ✳ ganz in ihrem Beruf aufgeht
- ✳ Schwierigkeiten damit hat, intime Beziehungen aufzubauen
- ✳ in ihrem Kopf lebt, statt zu fühlen
- ✳ merkt, dass andere Menschen – besonders Männer – Angst vor ihr haben
- ✳ Verletzlichkeit für eine Schwäche hält.

Symbole

* die Kriegerin
* dramatische Geburt (entsprang bewaffnet dem Kopf des Zeus)
* Eule (Symbol der Weisheit)
* Spinne, Spinnrad (Athene verwandelte Arachne in eine Spinne, weil sie sich über einen Wandbehang ärgerte, auf dem die Affären des Zeus dargestellt waren)
* Olivenbaum (Athenes Geschenk an Athen, woraufhin der Anbau von Oliven begann)
* Schutzgöttin der Soldaten, Goldschmiede, Töpfer und Weber

Wie Sie den Athene-Archetypus ins Gleichgewicht bringen

1. Suchen Sie sich eine körperliche Beschäftigung, um Ihre intellektuellen Tätigkeiten auszugleichen.

2. Nehmen Sie an einer Frauengruppe teil – möglichst einer, die nichts mit Ihrem Beruf zu tun hat.

3. Hören Sie Musik, die Sie gefühlsmäßig anspricht.

4. Erforschen Sie, inwieweit Sie einen emotionalen Panzer tragen, wenn Sie mit anderen kommunizieren. Entwickeln Sie Ihre emotionale Intelligenz.

5. Nehmen Sie wieder Verbindung zu Ihrer Mutter auf, um Ihre weibliche Seite zu entwickeln. Hören Sie auf so zu tun, als kämen Sie beide von unterschiedlichen Planeten.

6. Spüren Sie in eine Situation hinein, statt sie nur intellektuell einzuschätzen. Hören Sie auf Ihr Herz und nicht immer nur auf den Kopf.

7. Suchen Sie die Freundschaft von Frauen, nicht nur von Männern. Denken Sie daran, dass unser Leben durch jene, die uns nicht gleichen, bereichert wird und dass wir so eine neue Sicht der Dinge gewinnen können.

8. Entwickeln Sie eine Liebesbeziehung um ihrer selbst willen und nicht, weil sie glauben, Ihr Partner besitze ein Potenzial, das Sie fördern könnten, oder weil Sie sich unersetzlich machen wollen – „die starke Frau hinter dem erfolgreichen Mann". Konzentrieren Sie sich auf das, was Sie einander emotional geben können, statt nur ein „Powerpaar" zu sein.

Die Mutter

4

Der zweite Archetypus, den wir untersuchen wollen, ist der der Mutter. Dass dieser so universell verehrt wird, sollte uns nicht überraschen, denn Menschen sehen die Erde seit langem als ihre Mutter, was durchaus richtig ist, wenn wir bedenken, dass Wissenschaftler heute davon ausgehen, dass die komplexen organischen Moleküle der RNS und der DNS aus anorganischen Kristallen entstanden sein könnten. Wenn wir sterben, kehren wir also in Gaias Schoß zurück. Einige der frühen Kulturen haben ihre Toten in der Fetusposition bestattet, weil sie glaubten, so den Körper zum Zweck der Wiedergeburt der Mutter Erde zurückzugeben.

Wenn wir einfach von mütterlicher Liebe und der Hingabe an die Kinder ausgehen, scheinen die folgenden Göttinnen als Beispiele für Muttergöttinnen nicht so recht zu passen. Zudem scheinen sie auf den ersten Blick nicht viel gemein zu haben. Die Geschichten von Isis und Osiris sowie von Hera und Zeus konzentrieren sich mehr auf deren Ehe und nicht auf die Mutter-Kind-Beziehung. Isis und Demeter bemühen sich zwar nach Kräften, ihre Kinder zu beschützen und zu unterstützen, aber Hera verbannte eines der ihren – Hephaistos, den Gott der Schmiede – aus dem Olymp, weil er hinkte.

Jeder dieser Archetypen hat eine unterschiedliche Beziehung zu anderen Frauen. Isis hatte eine enge Beziehung zu ihrem „Schatten", der von ihrer Schwester Nephthys verkörpert wurde, aber weder Demeter noch Hera waren für gute Beziehungen zu anderen Frauen bekannt. So ist Persephones Vater Zeus ja bekanntlich der Ehemann von Hera, Demeters Schwester. Die eifersüchtige Hera bestrafte häufig das unschuldige Opfer ihres lüsternen Mannes, statt diesen selbst.

Die Hauptaufgabe des Mutter-Archetypus besteht darin, Wandel zu verstehen und zu akzeptieren. Wenn Sie akzeptieren, dass der Sinn des Lebens das spirituelle Wachstum ist – in religiöser Terminologie „Erleuchtung" oder in der humanistischen Psychologie Abraham Maslows „Selbstverwirklichung" –, dann müssen wir stets danach streben, unser volles Potenzial zu entwickeln. Aber wie wir alle wissen, ist es meistens weitaus bequemer, alles beim Alten zu belassen, da wir so ein gewisses Maß an Kontrolle über eine ansonsten chaotische und unsichere Welt erlangen. Aber das Leben macht uns immer wieder einen Strich durch die Rechnung. Die Lektion der Mutter besteht darin zu erkennen, dass uns der Wandel aufgezwungen wird, wenn wir ihn nicht bereitwillig annehmen – und zwar auf dramatischere Weise, als wir uns selbst aussuchen würden. Verlust als Katalysator für Selbsttransformation ist der gemeinsame Nenner der drei Göttinnen, die wir nun untersuchen wollen.

Trennung und Verlust ist das Grundthema vieler Liebesgeschichten. „Er begegnet ihr, verliert sie, findet sie wieder" – das ist das Konzept vieler Filme und Romane. Dieses ist, so glaube ich, das Naturgesetz, das durch den Mutter-Archetypus repräsentiert wird und das selbst nach der Etablierung des Patriarchats, das sich bemühte, die Göttin zu unterwerfen, anerkannt werden musste (Seite 90 bis 91).

Wie schon in den Beispielen der jungfräulichen Göttin ersichtlich, so erfährt auch jede der drei Muttergöttinnen Verlust und persönliche Verwandlung auf sehr unterschiedliche Weise. Bei Isis ist es der Tod ihres geliebten Mannes Osiris, der sie zwingt, ihre letzten inneren Reserven zu mobilisieren, um nicht nur sich selbst zu verwandeln, sondern auch ihren Ehemann. Im Mythos ist es der Schlamm des Nils, der als Metapher für die Reise in das Unbewusste dient. Durch ihre Bemühungen wird Osiris von einer lokalen Naturgottheit in einen landesweit verehrten Gott verwandelt und seine Unsterblichkeit wird sowohl durch die Anbetung als auch durch das Besteigen des ägyptischen Throns durch seinen Sohnes Horus gewährleistet. Es ist kein Zufall, dass Nephthys, die Schwester der Isis, in dieser Geschichte eine entscheidende Rolle spielt. Nephthys gilt als der Schatten der Isis, als der Teil ihres Wesens, der das Unbewusste, die Intuition und die tiefsitzendsten Ängste repräsentiert.

Demeter verliert ihre Tochter Persephone an Hades, woraufhin sie in eine tiefe Depression verfällt, weil sie ihre Rolle als Beschützerin und Nährerin nicht mehr erfüllen kann. Die Griechen der Antike erklärten sich so den Winter, in dem nichts wächst und in dem immer die Gefahr von Hunger und Tod besteht, wenn man nicht vorsorgt. Demeter ist zwar die Verkörperung der guten, großzügigen Mutter, aber in ihrer Psyche liegt auch der Same der erdrückenden, zerstörerischen Liebe der Mutter, die so auf ihre Rolle fixiert ist, dass sie sich gegen jede Veränderung zur Wehr setzt. Weil sie ihre Mutterrolle nicht mehr ausfüllen kann, setzt Demeter den Fortbestand der gesamten Menschheit aufs Spiel. Das Leben der Gesellschaft hängt davon ab, dass eine Mutter über den Tellerrand ihrer unmittelbaren Verantwortung für ihre eigenen Kinder hinaussehen kann und herausfindet, worin ihr Beitrag zum Leben selbst besteht.

Wie sich am Beispiel des jährlichen Rückzugs der Demeter in ihre Depression zeigt – wenn Persephone bei ihrem Ehemann Hades in der Unterwelt weilt –, ist dies eine schwierige Lektion für Frauen, bei denen dieser Archetypus stark ausgebildet ist.

Heras Verlust, der ebenso groß und schmerzhaft ist, hat mit ihrem persönlichen Identitätsbewusstsein und ihrem Selbstwertgefühl zu tun. Sie geht so sehr in der Rolle der Ehefrau auf – so wie Demeter in der Mutterrolle –, dass sie einen großen Teil von sich selbst dabei verliert. Ihre Herausforderung besteht darin, diesen Teil wieder zu entdecken und sich ihrer selbst so sicher zu werden, dass sie andere bedingungslos lieben und als das akzeptieren kann, was sie sind. Es heißt, dass sich Hera-Frauen in der Ehe verändern. Es ist aber nicht so, dass sie wirklich zu einer anderen werden, sie nehmen nur ihre Maske ab und zeigen, wer sie wirklich sind. Hera hätte ihr Eheleben befriedigender gestalten können, wenn sie sich weniger mit der Untreue ihres Mannes befasst hätte, als vielmehr damit, für sich selbst außerhalb ihrer Rolle als Ehefrau ein erfüllendes Leben zu kreieren.

Dies kann ein sehr zerstörerischer Archetypus sein. Wie Sie aus der Geschichte der Hera (Seite 84 bis 89) ersehen werden, geht es darum, aus der Opferrolle auszubrechen. Bevor wir anderen trauen können, müssen wir zunächst einmal uns selbst vertrauen. Solange es unbekannte oder unerforschte Aspekte in uns selbst gibt, sind vollkommenes Selbstvertrauen und Selbstbewusstsein nicht möglich. Der Hera-Archetypus projiziert seine Ängste oft unberechtigterweise auf den Partner, indem sie ihn ständig verdächtigt, sie mit anderen Frauen zu betrügen.

Sobald sich Hera von Zeus getrennt hatte – was in ihrem Fall nicht nur eine räumliche Trennung, sondern auch eine emotionale und mentale bedeutete –, merkte sie, dass sie nicht nur den Verlust überleben konnte, sondern als reife, selbstständige Frau geradezu erblühte. Und dies ist die Lektion der Hera: Jede von uns ist in sich und aus sich heraus ganz. Wir brauchen keinen Partner, der uns ergänzt oder bestätigt.

Sowohl Demeter als auch Isis erforschen während der Trennung von den von ihnen Geliebten ihre Muttergefühle. Dabei machen sie ähnliche Erfahrungen, weil beide die Kinder anderer Frauen großziehen – Isis in Byblos und Demeter in Eleusis. Dies weist darauf hin, wie wichtig es ist, auch andere Beziehungen zu entwickeln. Beide Göttinnen wollen ihre Schützlinge unsterblich machen, werden aber von deren Müttern daran gehindert, die Angst um das Leben ihrer Kinder haben, weil sie das Ritual nicht verstehen. Dies ist die rationale Reaktion der Menschen, wenn ihnen Unsterblichkeit offeriert wird. Wenn wir alle Konsequenzen kennen würden, wie viele von uns würden sich dafür entscheiden, ewig zu leben?

Jede der drei folgenden Geschichten zeigt, wie wichtig es ist, in schwierigen Umständen über sich selbst hinauszuwachsen – paradoxerweise, indem man tief in sich selbst hineingeht.

Der Archetypus der Mutter repräsentiert das, was wir heute als „emotionale Intelligenz" bezeichnen, also die Fähigkeit, Beziehungen aufzubauen, von denen beide Seiten profitieren. Die wichtigste Lektion, die wir von diesem Archetypus lernen können, ist, wie wichtig es ist, uns selbst zu „bemuttern" und gut zu uns zu sein – körperlich, emotional und spirituell.

Die innere Reise
(nach dem Dalai Lama)

1. Große Liebe und großer Erfolg erfordern, dass wir große Risiken eingehen. Mit anderen Worten: Kein Schweiß, kein Preis.

2. Wenn Sie verlieren, verlieren Sie die Lektion nicht aus den Augen. Finden Sie heraus, welchen Sinn Ihr Schmerz hat. Wie das Feuer, das Blei in Gold verwandelt, so ist der Schmerz der Katalysator unserer inneren Transformation.

3. Beurteilen Sie Ihren Erfolg danach, was für Opfer Sie bringen und was Sie aufgeben mussten, um ihn zu erreichen.

Isis

Die ägyptische Göttin der Magie, der Hingabe und Treue

Ich bin die Natur, die universelle Mutter, Herrin der Elemente,
erstes Kind der Zeit, Herrscherin im Reich des Geistes,
Königin der Toten, auch Königin der Unsterblichen, die einzige
Manifestation aller Götter und Göttinnen…
Ruft mich mit meinem wahren Namen an: Königin Isis.
Lucius Apuleius, *Metamorphosen*, 2. Jahrhundert u. Z.

Da er seine Schwester Nephthys mit seiner Frau Isis verwechselte, schlief Osiris mit ihr und zeugte den schakalköpfigen Anubis. Schon lange auf seinen älteren Bruder eifersüchtig, plante Seth, Nephthys Ehemann, den Tod von Osiris, indem er einen Sarkophag für ihn anfertigte. Er brachte seinen Bruder dazu, sich hineinzulegen, machte den Deckel zu und warf den Sarkophag in den Nil, wo Osiris ertrank.

Außer sich vor Schmerz, macht sich Isis auf die Suche nach dem Körper ihres Mannes. Nach einer langen Suche in den Sümpfen (Metapher für das Unbewusste) findet sie ihn schließlich, bringt den Sarkophag auf die königliche Barke, um ihn nach Hause zu bringen, wo er begraben werden soll. Auf der Reise nimmt sie den Deckel ab und beschläft ihren toten Mann, woraufhin sie schwanger mit Horus wird. Bevor Isis das Begräbnis organisieren kann, findet Seth Osiris Ruhestätte und zerhackt den Körper in vierzehn Teile, die er in alle Himmelsrichtungen zerstreut. Isis, die ihren Mann zum zweiten Mal verloren hat, macht sich dieses Mal auf die Suche nach den einzelnen Körperteilen. Wenn sie eines findet, fertigt sie eine Kopie an und übergibt diese einem Priester, damit dieser die Nachahmung begräbt. Jeder Priester muss schwören, dass der ganze Körper im betreffenden Grab liegt. Durch diesen Trick kann Seth den ganzen Körper nicht mehr finden und das Grab entweihen. Isis stellt auf diese Weise sicher, dass ihr Ehemann in ganz Ägypten Unsterblichkeit erlangt. Das einzige Teil, das sie nicht finden kann, ist sein Penis. Daher fertigt sie einen aus Gold an, mit dem sie sich in einigen Versionen der Geschichte selbst befruchtet. Man nimmt an, dass das Bild des Kindes Horus auf dem Schoß seiner göttlichen Mutter Isis von den Christen übernommen wurde, die daraus die Madonna und das Jesuskind machten. Osiris erlangte den Status eines Gottes erst nach seinem Tod durch die Treue und Hingabe von Isis.

Die ägyptische Abstammungslinie

Isis, Tochter des Erdgottes Geb und der Himmelsgöttin Nut, ist die Zwillingsschwester von Osiris. Die Geschichte von Isis und Osiris wurde in den Pyramidentexten des Alten Reiches (2660 bis 2160 v.u.Z.) und in den Grabtexten des Mittleren Reiches (2040 bis 1785 v.u.Z.) niedergeschrieben. Gemeinsam mit seiner Frau Isis wird Osiris die Einführung des Weizen- und Gersteanbaus in Ägypten zugeschrieben, wodurch sein Volk reich und mächtig wurde. Isis, seine Schwester und Frau, war ursprünglich ebenfalls eine geringere lokale Gottheit, deren Bedeutung mit der seinen zunahm. Nach der Einführung des Konzepts der göttlichen Verwandtschaft beanspruchten die Pharaonen die Götter als ihre Vorfahren. Sie sahen sich selbst als die Verkörperung von Horus an, dem Sohn der Isis und des Osiris.

Symbole

- ✳ Katze (ein kluges, unabhängiges Geschöpf)
- ✳ Thron (die Hieroglyphe für Isis bedeutet „Thron“)
- ✳ Krone aus Kuhhörnern (symbolisiert die nährende, mütterliche Kraft)

Thema Die Unvergänglichkeit der menschlichen Existenz
Schlüsselrolle Die Erlöserin
Lebensaufgabe Zu verstehen, dass einer Wiedergeburt der Tod vorausgehen muss.

Andere Isis-Rollen

- ✳ Große Göttin Ägyptens
- ✳ Lebensspenderin
- ✳ Älteste der Alten
- ✳ Zauberin

Eigenschaften	
Funktional	Dysfunktional
Ausdauernd	Märtyrerin
Hingebungsvoll	Kann nicht akzeptieren, dass etwas zu Ende geht
Verständnisvoll	Opfert sich selbst auf
Einfallsreich	Unaufrichtig
Loyal	Traurig

Isis heute

Isis hat uns in der heutigen Welt zweierlei zu lehren. Zum einen, welch wichtige Rolle eine Frau als Ehefrau und Mutter spielen kann (auch wenn das heute oft als altmodisch gilt), zum anderen, wie wichtig angemessenes Trauern für den Heilungsprozess ist.

In der heutigen Gesellschaft wird die Bedeutung der Rolle der Ehefrau und Mutter gering geschätzt. Das liegt vor allem daran, dass wir unbezahlter Arbeit – die zu Hause geleistet wird – wenig Wert beimessen. Hausarbeit, Kindererziehung und die Unterstützung des Mannes gelten heute als weniger wert als die bezahlte Arbeit in der Öffentlichkeit.

Wenn wir den Archetypus der Isis erwecken, können wir wieder die unvergleichlich Leben spendende und nährende Kraft der Muttergöttin in uns entdecken. Isis gewaltige beschützende Schwingen haben eine ungeheure Ausdehnung und sind somit eine Metapher für den Einfluss, den eine Mutter weit über ihre unmittelbare Familie hinaus ausübt. Nur wenn die Familie stabil, liebevoll, unterstützend und stark ist, kann es starke, selbstbewusste und produktive Menschen geben. Wenn der Isis-Archetypus in einer Frau stark ist, ist sie stolz darauf, die treue und hingebungsvolle Gefährtin ihres Partners zu sein – ihm ebenbürtig

und ihn ergänzend. Schließlich ist es die Klugheit von Isis, die Osiris zu einer mächtigen Gottheit macht und durch die sein Erbe Herrscher über Ägypten wird. Dies war eine Ehe, die auf gegenseitiger Liebe und Respekt basiert. Isis lehrt uns durch ihre vielen Rollen – Ehefrau, Gefährtin, Schwester, göttliche Mutter und Zauberin –, wie wichtig es ist, flexibel zu bleiben. Die letzte Rolle gibt einen Hinweis auf die geheime Macht der Frauen: die Fähigkeit, dem, was tot war, neues Leben zu geben.

Wenn Sie die Isis in sich erwecken, müssen Sie anerkennen, dass vor der Heilung oder der Auferstehung zunächst das Trauern kommen muss. In der modernen Gesellschaft wollen wir dies so schnell wie möglich hinter uns bringen, weil wir so an schnelle „Lösungen" und sofortige Belohnung gewöhnt sind. Aber in der ägyptischen Geschichte wird darauf hingewiesen, wie wichtig die ausgedehnte Trauerphase von Isis und ihrer Schwester Nephthys ist.

Nun wollen wir die verschiedenen Aspekte des Trauerprozesses untersuchen und zeigen, welch positiven Einfluss die Isis haben kann. Dazu ist es nötig, dass Sie Ihr Tagebuch zur Hand nehmen.

Wie Sie die Isis in sich entwickeln

* Nehmen Sie sich Zeit, in der Sie ungestört sind.
* Setzen Sie sich bequem vor Ihren Altar, und entspannen Sie sich. Lassen Sie sich von den Gegenständen inspirieren.
* Zünden Sie eine Duftkerze oder Räucherstäbchen an, um eine meditative Atmosphäre zu schaffen.
* Zentrieren Sie sich, bis Sie ruhig und empfänglich sind. Atmen Sie tief und gleichmäßig ein und aus.
* Konzentrieren Sie sich auf die Themen, die Sie erforschen möchten. Lassen Sie Ihre innere Weisheit und Kreativität die Lösung finden.
* Anschließend schreiben Sie Ihre Entdeckungen und Einsichten in Ihrem Tagebuch auf.

Der Trauerprozess

Bedenken Sie, dass verschiedene Menschen diese Phasen unterschiedlich wahrnehmen. Manchmal – wie durch den zweifachen Verlust der Isis illustriert – ist es notwendig, eine Phase noch einmal durchzumachen, um die Lektion wirklich zu verstehen. Manche Menschen machen diese Phasen sehr schnell durch, andere viel langsamer. Aber was auch immer geschehen mag, vertrauen Sie darauf, dass Sie eine Wiedergeburt erleben werden. Wie Isis zeigt, sind Ausdauer und sowohl Innenschau als auch richtiges Handeln nötig, um wahre Heilung zu erlangen.

Die moderne Psychologie unterteilt den Trauerprozess in fünf Phasen:

1. Schock 2. Leugnung 3. Depression 4. Wut 5. Akzeptanz

1. Schock In dieser Phase der physischen, psychischen und emotionalen Taubheit ist es wichtig, sich Sicherheit durch Rituale zu schaffen. Schreiben Sie Ihre Gefühle nieder, ohne sie zu beurteilen oder zu zensieren (selbst wenn das, was Sie schreiben, keinen Sinn ergibt). So werden Sie während dieser chaotischen und scheinbar sinnlosen Phase Trost finden.

2. Leugnung Dies kann eine längere, anstrengende Phase des Trauerprozesses sein, in der es wichtig ist, die Bedeutung des Verlustes nicht herunterzuspielen und sich nicht selbst davon zu überzeugen, dass der Verlust nur vorübergehend ist. Benennen Sie Ihre Gefühle, während Sie sie aufschreiben. Wenn Sie arbeitslos geworden sind oder Ihr Partner Sie verlassen hat, schauen Sie sich ehrlich an, ob Ihr Job oder Ihr Partner noch das Richtige für Sie waren.

3. Depression Dieses häufig missverstandene Gefühl ist Wut, die nicht ausgedrückt, sondern gegen sich selbst gerichtet wird. In dieser Phase ist es extrem wichtig, in Kontakt mit Ihrem höheren Selbst, Ihrer Seele, zu treten, um geheilt zu werden. Beantworten Sie die folgenden Fragen:

* Wer sind Sie?
* Wenn Sie wüssten, warum Sie diesen Verlust erlitten haben, was wäre dann der Grund?
* Was möchte Sie das Leben durch diese Erfahrung lehren?
* Gegen wen oder was sollte sich Ihre unausgesprochene Wut richten?

4. Wut Wir sind dazu erzogen worden, dieses Gefühl zu fürchten und daher zu vermeiden, aber es ist ein wichtiger Vorbote des Wandels. Betrachten Sie Ihre Wut als eine positive Kraft. Suchen Sie nach gegenwärtigen oder historischen Beispielen, in denen die Wut eines Einzelnen oder einer Gruppe zu großen sozialen Fortschritten geführt hat. Machen Sie eine Liste der Dinge, für die Sie dankbar sind. Mit welchen Segnungen werden Sie trotz Ihres Verlustes überhäuft? Konzentrieren Sie sich jeden Morgen darauf, was an Ihrem Leben und an Ihnen selbst gut ist. Sie werden sich dabei vielleicht an eine ähnliche Situation aus der Vergangenheit erinnern, in der Sie Grund zum Trauern hatten. Wie denken Sie jetzt im Nachhinein darüber?

5. Akzeptanz Nun, da Sie die Innenschau vollendet haben, ist es Zeit zu handeln, um Ihr neues Leben zu beginnen. Dies ist nicht Resignation, sondern Hingabe an Ihre neue Rolle. Trotz der Last, die Isis in ihrer Rolle als Witwe und alleinerziehende Mutter aufgebürdet wurde, fand sie in sich selbst die Kraft, selbstständig zu handeln und ihre eigenen Entscheidungen zu treffen. So entwickelte sie ihre Unabhängigkeit und ihr Selbstwertgefühl. Das können auch Sie.

Demeter

Göttin des Getreides und der Fruchtbarkeit

Kein Same spross aus der fruchtbaren Erde,
da sich die hellgekrönte Demeter verbarg.
Vergeblich zogen die Ochsen den Pflug durchs Feld,
und weiße Gerste wurde sinnlos auf dem Boden verstreut.
Mit einer furchtbaren Hungersnot hätte sie das ganze
Menschengeschlecht zerstört.
Homer, *Hymne an Demeter*, 7. Jahrhundert v. u. Z.

Nachdem Persephone von ihrem Onkel Hades entführt worden war, beschloss Demeter, so lange nicht zu essen, zu trinken, zu schlafen oder sich zu waschen, bis das Mädchen wiedergefunden wäre. Als sie nach neun Tagen erfuhr, was ihrer Tochter widerfahren war, bat sie Zeus, Persephone zurückkehren zu lassen. Aber Zeus riet seiner Schwester nur, sich mit ihrem neuen Schwiegersohn abzufinden. Empört und mit dem Gefühl, verraten worden zu sein, durchwanderte Demeter das Land, bis sie zur Stadt Eleusis nahe Athen kam. Dort fand sie – als alte Frau verkleidet – eine neue Aufgabe als Amme.

Demeter zog einen Jungen namens Demophoon auf, als ob er ein Gott wäre. Sie gab ihm als Speise Ambrosia und legte ihn jede Nacht ins Feuer der Unsterblichkeit. Aber bevor er vollständig transformiert werden konnte, kam die Mutter herein und schrie vor Entsetzen auf, weil sie meinte, die Amme wolle den Jungen verbrennen. Manchen Versionen zufolge ließ Demeter den Jungen vor Schreck fallen, so dass er starb, in anderen enthüllte sie ihre wahre Identität und befahl, dass ihr zu Ehren ein Tempel gebaut werde. So wurde Eleusis das Zentrum eines Fruchtbarkeitskultes, der bis ins 19. Jahrhundert hinein praktiziert wurde, obwohl den Christen der sexuelle Aspekt der Frühlingsriten immer ein Dorn im Auge war.

Da Demeter ihre Pflichten als Korngöttin vernachlässigte, herrschte auf der Erde eine Hungersnot. Wütend, weil seine Bitten, die Ordnung wiederherzustellen, nicht befolgt wurden, befahl Zeus schließlich Hades, Persephone ihrer Mutter zurückzugeben. Und das wurde sie auch – allerdings nur für einen Teil des Jahres. Immer, wenn die Königin der Unterwelt zu ihrem Mann zurückkehrte, trauerte Demeter wieder und brachte so den Winter, in dem nichts wächst und alles dunkel und düster ist.

Die griechische Abstammungslinie

Demeter, zweite Tochter von Rheia und Kronos, war die Schwester von Hera (Seite 84 bis 89), Hestia, Hades, Poseidon und Zeus, mit dem sie ihr einziges Kind Persephone hatte (Seite 56 bis 61). Wie ihre Geschwister wurde auch sie von ihrem Vater, dem Titanen, verschlungen – mit Ausnahme von Zeus, der ihn später als oberster Gott entmachtete.

Symbole

- ✳ Füllhorn (Demeters Ernteüberfluss)
- ✳ Weizen und Sichel (symbolisiert das Geheimnis des Ackerbaus)

Thema Hüterin des leeren Nestes

Schlüsselrolle die nährende Mutter

Lebensaufgabe Zu verstehen, dass nichts wirklich verloren geht und dass Trennung der Vorläufer der Wiedervereinigung ist.

Eigenschaften	
Funktional	Dysfunktional
Erdmutter	Zu besorgt
Nährend	Vernachlässigt sich selbst
Mutterinstinkt	Engstirnig
Großzügig	Kompromisslos
Ausdauernd	Will alles beim Alten lassen

Demeter heute

Kaum hat die moderne Demeter einen Partner gefunden, möchte sie schon Mutter werden. Gebären und Kinder erziehen ist ihr Hauptfokus – häufig zu Lasten ihrer selbst und der Beziehung zu ihrem Mann. Viele von uns kennen Mütter, bei denen die Kinder immer zuerst kommen – und wenn diese dann das Haus verlassen, stellen diese Frauen zu ihrem Entsetzen fest, dass sie auch keine Beziehung zu ihrem Mann mehr haben.

Die Geschichte der Demeter illustriert die Kraft der mütterlichen Liebe. Als sie von den anderen Göttern betrogen wird, zeigt Demeter sich von ihrer zerstörerischen Seite. In der patriarchalischen Version wird die weibliche Kraft als negativ und rachsüchtig dargestellt, als etwas, vor dem man Angst haben muss. Aber die Geschichte hat viele Aspekte. Sie erzählt metaphorisch von den Zyklen des Wachstums und des Sterbens in der Landwirtschaft und im menschlichen Leben und vom Verlust, der einer Wiedervereinigung vorausgehen muss. Die moderne Demeter ist die Nestbauerin, die im leeren Nest sitzt, weil sie so viel von sich selbst in ihre Kinder investiert hat, dass sie – wenn diese das Haus verlassen – vollkommen zerstört und wie gelähmt ist, weil sie ihre Identität verloren hat.

Aber die sexuelle Einweihung der Tochter bietet der Mutter die Möglichkeit, ihr Verhältnis zueinander neu zu definieren und es als gleichberechtigte, gegenseitig bereichernde Beziehung wiederauferstehen zu lassen. Dies war vorher nicht möglich, da die Tochter nicht dieselbe Lebenserfahrung hatte. Der Schlüssel liegt für die Demeter-Frau darin, anzuerkennen, welchen Wert eine Trennung hat und wie viel durch sie gewonnen werden kann. Sie muss lernen, ihren Wunsch nach Macht und Kontrolle über die Tochter aufzugeben und ihr als Gleiche zu begegnen.

Das war auch bei meiner eigenen Mutter und mir so, und die Transformation unserer Beziehung war – nachdem ich selbst Kinder hatte – äußerst dramatisch. Zum ersten Mal unterhielten wir uns als Frauen, was zu umfassenderen und intimeren Gesprächen führte als denen, die wir als Mutter und Tochter hatten. Es fing an, als sie mir ihre Erfahrungen in Bezug auf Schwangerschaft, Geburt und Kindererziehung mitteilte. Als wir uns dann an unsere neuen Rollen als Frauen mit gleichen Erfahrungen gewöhnt hatten, entdeckten wir, dass wir uns noch viel mehr öffnen konnten. Ich fand heraus, dass meine Mutter einen wunderbaren Humor besaß, eine sinnliche Frau ist und dass es einfach Spaß machte, mit ihr zusammen zu sein. Heute weiß ich, dass unsere Beziehung sich erst auf diese Weise entwickeln konnte, als meine Mutter aufhörte, Macht über mich ausüben zu wollen, und mich nicht mehr als Kind, sondern als Gleiche behandelte. Es war, als ob ich entdeckt hätte, dass der Chef auch nur ein Mensch ist. Manche Töchter mögen immer eine solche intime Beziehung zu ihrer Mutter gehabt haben, aber dies ist nicht so leicht mit Müttern, die sich fest im Griff des Demeter-Archetypus befinden.

Zwar können die mütterlichen Instinkte einer Demeter-Frau niemals gestillt werden, aber sie können auf positive Weise in eine berufliche Tätigkeit oder eine öffentliche Aufgabe umgelenkt werden – zum Beispiel als Beraterin, Mentorin oder Therapeutin. So kann sie auch die zweite Lebenshälfte noch so befriedigend und sinnvoll finden wie die erste.

Wie Sie die Demeter in sich entwickeln

- Nehmen Sie sich Zeit, in der Sie ungestört sind.
- Setzen Sie sich bequem vor Ihren Altar, und entspannen Sie sich. Lassen Sie sich von den Gegenständen inspirieren.
- Zünden Sie eine Duftkerze oder Räucherstäbchen an, um eine meditative Atmosphäre zu schaffen.
- Zentrieren Sie sich, bis Sie ruhig und empfänglich sind. Atmen Sie tief und gleichmäßig ein und aus.
- Konzentrieren Sie sich auf die Themen, die Sie erforschen möchten. Lassen Sie Ihre innere Weisheit und Kreativität die Lösung finden.
- Anschließend schreiben Sie Ihre Entdeckungen und Einsichten in Ihrem Tagebuch auf.

Eine Visualisierungsübung
Eine der größten Herausforderungen für Demeter-Frauen ist es zu erkennen, dass sie andere von sich abhängig machen müssen, weil sie andere Aspekte ihres Lebens vernachlässigt haben. Daher kommt die – oft unbewusste – Neigung, das Leben der Kinder noch lange, nachdem es angebracht ist, zu kontrollieren und zu lenken. Die folgende Visualisierungsübung wird dazu beitragen, eine solche Verhaltensweise zu erkennen und alle Begabungen, die Sie besitzen, zu entwickeln.

1. Setzen oder legen Sie sich hin. Legen Sie sanfte Musik auf, und entzünden Sie eine Duftkerze. Schließen Sie die Augen, und seufzen Sie aus tiefstem Herzen auf. Atmen Sie tief ein, halten Sie die Luft an und atmen Sie dann vollständig aus. Wiederholen Sie dies noch zwei Mal.
2. Stellen Sie sich vor, Sie schauen einen Kasten an, der neun Fächer hat. Jedes Fach repräsentiert einen Aspekt Ihres Lebens, dem sie nun einen Namen geben. Einer hat mit den Kindern zu tun, ein anderer mit ihrem Mann, die anderen mit Beruf, sozialem Leben, Hobbys und sonstigen Aktivitäten, Spiritualität, Religion, gemeinnütziger Arbeit und so weiter. Geben Sie jetzt jedem Fach einen Namen.
3. Schauen Sie sich jedes Fach an. Wie voll ist es und was ist darin? Welchen Wert hat jedes dieser Fächer für Sie? Welches ist in der Mitte? Welches an den Rändern?
4. Richten Sie Ihre Aufmerksamkeit auf einen zweiten Kasten, der nur ein einziges Fach hat, das voller Spielzeug ist und Ihre Kinder repräsentiert. Stellen Sie sich vor, alle Spielzeuge würden entfernt. Was bleibt Ihnen dann? Ein leerer Kasten. Trifft das auch auf den anderen Kasten zu? Können Sie erkennen, wie verwundbar Sie sind, wenn ein Aspekt Ihres Lebens Ihre gesamte Zeit und Aufmerksamkeit in Anspruch nimmt?

Hera

Die griechische Göttin der Ehe

Ihr wurdet zusammen geboren und ihr werdet auf immer
zusammen sein…
Aber lasst Raum zwischen euch.
Und lasst die Winde des Himmels zwischen euch tanzen.
Kahlil Gibran, *Der Prophet*

Die junge, mitfühlende Göttin Hera erbarmte sich eines winzigen, vor Kälte zitternden Vogels und erkannte erst zu spät, dass es sich um den verkleideten Zeus handelte. Der oberste Gott, der bereits mehrere Male verheiratet war und im Ruf eines Verführers von Göttinnen und Sterblichen stand, hatte der schönen Hera bereits seit langem erfolglos nachgestellt. Erst als er versprach, sie zu heiraten, erlaubte sie ihm, ihr nahe zu kommen. Aber die Ehe war ein Fehlschlag. Hera, eine stolze, eifersüchtige Frau mit einem ausgeprägten Sexualtrieb, wurde ständig von Zeus betrogen. Aber statt ihre Wut gegen ihn zu richten, rächte sie sich an den anderen Frauen.

Obwohl sie von Zeus drei Kinder hatte und ein viertes – Hephaistos – ihrer Hüfte entsprang, ist sie nicht gerade für ihre mütterlichen Instinkte bekannt. Als sie sah, dass Hephaistos mit einem verkrüppelten Fuß geboren worden war, warf sie ihn vom Olymp hinunter ins Meer. Das weist darauf hin, wie verbittert sie war, ein deformiertes Kind geboren zu haben, das so im Gegensatz zu Zeus vollkommener Tochter Athene stand, die seinem Kopf entsprungen war (Seite 64 bis 65). Hera blieb nach jeder weiteren Demütigung aber nicht untätig. Ihre Rachsucht sorgte dafür, dass viele von Zeus unehelichen Kindern verbannt und manche seiner Geliebten in wilde Tiere verwandelt wurden. Als sie schließlich genug von Zeus ständigen Affären hatte, verließ sie ihn und kehrte auf ihre Geburtsinsel Samos zurück. Statt ihr dorthin zu folgen – was Zeus als sinnlos erachtete –, gab er bekannt, dass er wieder heiraten würde. Hera entdeckte ihn auf einem Berg neben der Statue einer verschleierten Frau. Gerührt versöhnte sich Hera mit Zeus. Die Trennung hatte ihr geholfen, ihre innere Kraft wieder zu entdecken, und weil sie ihre Unabhängigkeit und ihr Selbstwertgefühl wiedergefunden hatte, konnte sie Zeus leichter akzeptieren und ihn bedingungslos lieben. Durch die kalte, leblose Statue hatte ihr Zeus gezeigt, dass seine Affären – verglichen mit seiner Liebe zu ihr – nichts waren.

Die griechische Abstammungslinie

Hera, Tochter der Rheia und des Kronos, war die Schwester von Demeter, Hestia, Hades, Poseidon und Zeus, der auch ihr Mann war. Sie ist eine der Hauptfiguren des griechischen Pantheons – obwohl die meisten Geschichten von ihrer stürmischen Ehe mit Zeus handeln. Ihr bekanntester Tempel ist der Heraion in Argos, und sie wird meistens mit Ehe und Fruchtbarkeit in Verbindung gebracht. Der hellenische Mythos stellt Hera als ihrem Mann untergeordnet dar, aber sie ist eine wichtige Göttin, die Zeus ehrte, indem sie ihn zum Gefährten nahm.

Symbole

* Pfau (ein königlicher Vogel, dessen „Augen" auf den Schwanzfedern Heras wachsames Wesen repräsentieren)
* die heilige Kuh (Nahrungsquelle)
* Ineinander verschlungene Goldringe (Symbol der Partnerschaft und der Ernsthaftigkeit)

Thema Ehe als heilige spirituelle Vereinigung
Schlüsselrolle Treue Ehefrau
Lebensaufgabe Beziehungen solange hinauszuzögern, bis sie herausgefunden hat, ob beide Partner dieselben Werte teilen. In Beziehungen sowohl auf den Kopf als auch auf das Herz hören.

Andere Rollen

* Gefährtin des Zeus, Herrscher des Olymp
* Rachsüchtige, streitsüchtige und zänkische Ehefrau
* „Große Dame", ihr Name ist die weibliche Form des griechischen Wortes für „Held"

Eigenschaften	
Funktional	**Dysfunktional**
Hoheitsvoll	Eifersüchtig
Machtvoll	Rachsüchtig
Unterstützend	Streitsüchtig
Verlangt Ernsthaftigkeit	Leugnet die Fehler des Partners
Treusorgende Hausfrau	Stellt die Interessen des Partners über ihre eigenen

Hera heute

Wie sich die Demeter-Frau nach einem Kind sehnt, so sehnt sich der Hera-Archetypus danach, zu heiraten. Eine solche Frau spielt als Kind „Mann und Frau", verkleidet sich als Braut und übt bereits ihren späteren Namenszug – den Nachnamen des jeweiligen Jungen, mit dem sie gerade zusammen ist.

Es folgt eine frühe und meistens sehr aufwändige Hochzeit, weil der Wunsch zu heiraten stärker ist als alle Warnungen, das Paar solle sich zuerst besser kennen lernen. Eine Hera-Frau kann nicht verstehen, warum irgendjemand Single bleiben möchte. Sie hat nicht viele Freundinnen und hält ihren Mann auf Festen von allen unverheirateten Frauen fern. Da für sie die Ehe ein lebenslanger, heiliger Bund ist und da sie sich völlig von ihrem Partner abhängig macht – besonders in Bezug auf den sozialen Status, den sie durch ihn erlangt –, wird sie nicht wagen, ihn mit seiner Untreue zu konfrontieren. Die „andere" ist immer die Schuldige. Im Gegensatz zur Demeter-Frau, die Affären nicht weiter kümmern, weil sie ja ihre Kinder hat, wird der Hera-Archetypus sich immer rächen wollen.

In seiner dysfunktionalen Form zeigt sich dieser Archetypus als Suchtpersönlichkeit, die in die Idee der Ehe verliebt ist und ihre Entscheidungen rein gefühlsmäßig trifft und darauf keine oder nur wenige rationale Gedanken verschwendet. Eine Hera-Persönlichkeit muss lernen, Unterscheidungen zu treffen – besonders im Hinblick auf gemeinsame Werte. Die Übung auf Seite 89 zeigt, wie.

Gemeinsame Werte zu haben, ist wahrscheinlich der wichtigste Aspekt einer Partnerschaft. Wenn wir uns mehr für die äußeren Aspekte einer Beziehung interessieren – den Status als Ehefrau oder das Ansehen, das der „wichtige" Job des Partners und das damit verbundene Einkommen mit sich bringen –, dann ignorieren wir möglicherweise, dass eine Partnerschaft ein tieferes, inneres Bedürfnis erfüllen muss. Aber es ist von entscheidender Bedeutung für unser langfristiges Glück und für die Entwicklung einer wahrhaft spirituellen Bindung, dass wir herausfinden, inwieweit unsere Werte vom Partner geteilt werden und inwieweit wir die seinen teilen. Werte sind schwer zu definieren, aber betrachten wir sie einmal als die Leitprinzipien, die unseren Einstellungen, Verhaltensweisen und Handlungen zugrunde liegen. Somit wirken sich diese Werte auf unser ganzes Leben aus – von unserer Haltung zu Ehrlichkeit und Offenheit in Beziehungen bis zur Bedeutung von Treue, Pflichtgefühl, Respekt, Integrität, Fairness und Leidenschaft. Wenn ein Paar Kinder hat, entdecken sie häufig, dass ihre Werte nicht übereinstimmen, weil dann verborgene, aber sehr wichtige Werte aus der eigenen Kindheit auftauchen.

Weil Hera-Frauen es so eilig haben zu heiraten und weil sie mehr in die Institution Ehe als in den Partner verliebt sind, besteht die Möglichkeit, dass sie nach den Flitterwochen entdecken müssen, dass sie und ihr Partner nur wenig gemein haben. Die Göttin Hera legte großen Wert auf eheliche Treue, ihr Mann nicht. Wenn sie solche Themen offen und ehrlich bereits vor der Hochzeit diskutiert, statt zu hoffen, sie werde die andere Person in der Ehe schon ändern, erspart sich die Hera-Frau viel Schmerz und Kummer.

Wie Sie die Hera in sich entwickeln

* Nehmen Sie sich Zeit, in der Sie ungestört sind.
* Setzen Sie sich bequem vor Ihren Altar, und entspannen Sie sich. Lassen Sie sich von den Gegenständen inspirieren.
* Zünden Sie eine Duftkerze oder Räucherstäbchen an, um eine meditative Atmosphäre zu schaffen.
* Zentrieren Sie sich, bis Sie ruhig und empfänglich sind. Atmen Sie tief und gleichmäßig ein und aus.
* Konzentrieren Sie sich auf die Themen, die Sie erforschen möchten. Lassen Sie Ihre innere Weisheit und Kreativität die Lösung finden.
* Anschließend schreiben Sie Ihre Entdeckungen und Einsichten in Ihrem Tagebuch auf.

Was ist wichtig für Sie?
Vervollständigen Sie jeden der folgenden Sätze so ehrlich wie möglich. Es geht darum herauszufinden, was Ihnen wirklich wichtig ist.

- ✳ Liebe bedeutet für mich …
- ✳ Beziehungen sind …
- ✳ Eine Ehefrau ist …
- ✳ Ein Ehemann ist …
- ✳ Ich erwarte von unserer Beziehung …
- ✳ Macht ist …
- ✳ Das Wichtigste in meinem Leben ist …

1. Bitten Sie Ihren Partner, diese Fragen ebenfalls zu beantworten, dann vergleichen Sie, was jeder von Ihnen geschrieben hat. Wenn das nicht möglich ist, stellen Sie sich vor, dass Ihr Partner vor Ihnen sitzt und Sie ihn bitten, diese Fragen zu beantworten. Was fühlen Sie, was er sagen würde? Beachten Sie, dass ich „fühlen" geschrieben habe, nicht „denken". Hören Sie auf Ihr Herz, vertrauen Sie darauf, dass Ihre Intuition Ihnen hilft.

2. Was schließen Sie daraus? Inwieweit stimmen Ihre Werte in Bezug auf Beziehungen überein? Wie weit sind sie auseinander? Jede Partnerschaft erfordert Kompromissbereitschaft, und es ist ebenso wenig wünschenswert, mit seinem eigenen Klon zu leben als mit jemand, dessen Sicht der Dinge sich völlig von der Ihren unterscheidet. Machen Sie sich klar, welche Werte Kernwerte sind, bei denen Sie keine Kompromisse eingehen wollen. Wenn zum Beispiel einer Ihrer Kernwerte Treue ist und Ihr Partner dies nicht für wichtig hält, müssen Sie mit ihm darüber sprechen, inwieweit sich das auf Ihr Vertrauen in ihn auswirken wird.

3. Es heißt, dass in einer Firma ein bestimmtes Mindestmaß an Werteübereinstimmung vorhanden sein muss, damit die Firma Erfolg haben kann. Das gilt auch für eine Partnerschaft. Wenn für Sie und Ihren Partner bestimmte Werte und Entscheidungen gleichermaßen wichtig sind – ob Sie Kinder wollen, wie Sie miteinander in der Öffentlichkeit umgehen, wie Sie Arbeit und Freizeit in Einklang bringen –, dann wird Ihre gemeinsame Reise vermutlich befriedigend verlaufen. Wenn es aber zu viele Stolpersteine gibt, machen Sie sich auf eine holperige Fahrt gefasst.

Affirmationen

- ✳ Auch in der Partnerschaft behalte ich meine eigene Identität.
- ✳ Ich erkenne, wie wichtig es ist, in der Wahl meines Partners wählerisch zu sein.
- ✳ Je mehr ich alle meine Aspekte integriere, desto weniger brauche ich einen Partner, um vollständig zu sein.
- ✳ Ich erhebe in dieser Beziehung Anspruch auf meine persönliche Macht, und dadurch mache ich den ersten Schritt, um mich selbst zu ehren.
- ✳ Meine Bedürfnisse sind ebenso wichtig wie die meines Partners.
- ✳ Ich übernehme bereitwillig Verantwortung für mein gesamtes Leben.
- ✳ Ich bestimme mein eigenes Schicksal – ganz gleich, wie die Umstände auch sein mögen.

Gaia

Die Erdgöttin

Nach der heidnischen Version der Urknalltheorie war am Anfang das Chaos, aus dem die großbrüstige Gaia entsprang, die erste Göttin. Sie wurde in Delphi angebetet, lange bevor sich die Anhänger Apolls des Tempels bemächtigten. Sie hatte einen solchen Einfluss, dass sich selbst das neue Patriarchat an die Gesetze der Muttergöttin halten musste. Gaia wird mit der ägyptischen Göttin Isis, der kanaanitischen Astarte, der sumerisch-babylonischen Tiamat und der hinduistischen Kali (Seite 98 bis 103) assoziiert, die alle im Rahmen der universellen matriarchalischen Religion zwischen 3000 und 1000 v.u.Z. verehrt wurden.

In der Theogonie des Hesiod entspringt Gaia dem Chaos und gebärt Uranos, den Himmel. Dann schläft Gaia mit Uranos und gebärt die Titanen, die Ahnen der Menschheit. Jede der Gottheiten, die Gaia, Uranos und ihre Nachkommen hervorbringen, symbolisiert eine Naturgewalt oder abstrakte menschliche Eigenschaften.

Die heutige Gaia ist eine Frau, die

✳ fest von der rechtmäßigen Rolle der Frau als Schöpferin überzeugt ist.

✳ eine starke Verbindung zur Erde als lebendem Organismus hat.

✳ mit Veränderungen und Unsicherheit gut umgehen kann (schließlich entsprang Gaia ja dem Chaos).

✳ mit der Idee spielt, ein Kind von einem Unbekannten zu haben.

✳ sich im Einklang mit der dreifachen Göttin befindet (Jungfrau, Mutter und Weise).

Funktionale Eigenschaften

Vollständigkeit/Ganzheit
Großzügigkeit/Überfluss
Verkörperung der Liebe
Energie

Symbole

* Der Tempel von Delphi
* Die Venus von Willendorf
* Erde als Mutterschoß
* Die Verbindung von Himmel und Erde
* Brüste und Schwangerschaft
* Die Mutter von Kronos, dem Herrscher der Zeit
* Feiern

Wie Sie die Gaia in sich entwickeln

1. Verbringen Sie Zeit allein, und verbinden Sie sich mit der Natur.
2. Erleben Sie die Natur so intensiv wie möglich. Nehmen Sie die Farbveränderungen der Blätter und des Himmels war, den Duft der Blumen, die Maserung des Holzes, die Klänge auf dem Land.
3. Meditieren Sie darüber, was Ihnen Liebe bedeutet. Weil sich Gaia nach Liebe sehnte, erschuf sie Uranos, den Himmel.
4. Erforschen Sie, inwieweit Sie sich mit allem Leben verbunden fühlen. Sie sind Teil einer pulsierenden Energie, die alles und alle auf diesem Planeten miteinander verbindet.
5. Inwieweit hören Sie auf Ihre Intuition? Intuition stellt die Verbindung zwischen allem, was jemals war oder jemals sein wird, her. Im Tempel von Delphi wurde die Allwissenheit der Gaia verehrt.
6. Überlegen Sie sich, wie Sie Ihre Energie kreativer und produktiver einsetzen können. Gaia war eine starke, fruchtbare Kraft, die unzählige Nachkommen hervorbrachte. Was haben Sie in letzter Zeit zur Welt gebracht?

Amaterasu

Die Sonnengöttin

Der Schintoismus, die offizielle Religion Japans, die schon bestand, bevor der Buddhismus aus China eingeführt wurde, hat als einzige heutige Religion eine weibliche Obergottheit: die Sonnengöttin Amaterasu Omikami. Der Kreis auf der japanischen Flagge symbolisiert einen Spiegel, einen der drei heiligen Schätze dieser Religion, die Amaterasu ihrem Enkel Ninigi-no Mikoto übergab, als dieser vom Himmel zur Erde hinunterfuhr, um diese zu regieren. Die Anweisungen der Göttin besagten, dass die Schätze im kaiserlichen Palast verwahrt werden sollten, dem Haus des japanischen Kaisers, der direkt von den Schinto-Göttern abstammen soll. Dem Schintoismus zufolge gibt es kein absolutes Gutes oder Böses, sondern nur richtiges und falsches Verhalten. Daher ist es durchaus akzeptabel, auf jemanden, der einem Böses antut, wütend zu reagieren, während dasselbe Verhalten nicht gerechtfertigt ist, nur weil man sich gerade schlecht fühlt.

Die heutige Amaterasu ist eine Frau, die

* großen Wert auf authentisches und richtiges Verhalten legt
* erkennt, dass das äußere Leben eine Widerspiegelung der inneren Welt ist.
* in ihrem eigenen Leben Ausgewogenheit und Anmut zeigt und Freude daran hat, wenn auch andere dies zeigen.
* in allen Lebensbereichen Ordnung hält.
* schwierigen Situationen mit einer positiven Einstellung begegnet.

Funktionale Eigenschaften
Klarheit
Güte
Ausgeglichenheit
Ordnungssinn
Positive Einstellung
Redlichkeit

Symbole

* Der rote Kreis auf der japanischen Flagge
* Die Sonne (Amaterasu ist die Sonnengöttin)
* Der Kaiserliche Palast
* Ihre drei heiligen Schätze: Spiegel, Juwelenkette und Schwert

Wie Sie die Amaterasu in sich entwickeln

1. Schauen Sie bei Kerzenlicht in den Spiegel, und erforschen Sie ehrlich, was Sie sehen. Was sagt Ihre Erscheinung über den Zustand Ihres Geistes aus? Was erfahren Sie über Ihr höheres Selbst, wenn Sie in Ihre eigenen Augen blicken? Überlegen Sie sich, wie Sie sich selbst verändern können, um die äußeren Umstände zu verbessern. Wenn Sie zum Beispiel finden, dass andere Menschen Sie nicht respektieren, überlegen Sie sich, inwieweit Sie sich selbst nicht respektieren. Wenn Sie einsam sind, werden Sie Ihre eigene beste Freundin.

2. Meditieren Sie darüber, inwieweit Ihr Leben geordnet und ausgewogen ist. Sollten Sie Gesundheit, Freundschaft und spiritueller Entwicklung mehr Aufmerksamkeit schenken als der Beziehung und dem Beruf? Könnten Sie sich nicht viel Stress und Frustration ersparen, wenn Sie lernen würden, besser zu planen?

3. Überlegen Sie sich, auf welche Weise Sie mehr Licht in Ihr Leben bringen. Was macht Ihnen am meisten Spaß? Hören Sie auf, anderen die Verantwortung für Ihr Glück aufzubürden, übernehmen Sie selbst Verantwortung dafür. Machen Sie eine Liste mit sieben Dingen – einen für jeden Tag der Woche –, die Ihr Leben mit mehr Licht erfüllen. Schenken Sie sich selbst Blumen, bereiten Sie sich ein romantisches Abendessen bei Kerzenschein zu oder machen Sie sich selbst ein Kompliment.

Die Weise

5

Es ist wohl kein Zufall, dass ich in die Wechseljahre kam, während ich dieses Buch fertig stellte. Dieses Kapitel hatte mir Mühe gemacht, da mir nicht wohl bei dem Gedanken war, über etwas zu schreiben, das ich nicht aus eigener Erfahrung kannte. Aber nun wache ich nachts in kalten Schweiß gebadet auf, habe tagsüber Hitzewallungen und extreme Stimmungsschwankungen – und das relativ früh. Obwohl ich das Ende der Menstruation herbeigesehnt hatte, verlief der Übergang zur weisen Frau nicht so unproblematisch, wie ich gedacht hatte. Immerhin kann ich nun über diese Phase aus eigener Erfahrung schreiben.

Es ist Teil der menschlichen Natur, das zu betrauern, was wir verloren haben. Das Ende meiner Periode und die körperlichen und psychischen Begleiterscheinungen machten das Altern plötzlich zu einer Realität. Obwohl ich nie von Äußerlichkeiten besessen war, kam ich nicht umhin, den Tod der Jungfrau und Mutter zu betrauern, und hieß die Weise nur zögernd willkommen. Dann sah ich einen wunderbaren Film mit dem Titel *„Harold and*

Maude", in dem es um die Beziehung zwischen zwei ungleichen Liebhabern geht. Harold ist ein reicher, junger Mann, der nichts von den geistlosen Mädchen wissen will, die ihm von seiner Mutter vorgestellt werden. Er verliebt sich stattdessen in Maude – eine alte Dame mit großem Herz, der der Schalk im Nacken sitzt und die die Welt mit Kinderaugen sieht. In dieser Geschichte steckt der Schlüssel zum Verständnis des Archetypus der Weisen. Harold fühlt sich von Maude angezogen, weil sie voller Energie, Begeisterung und Leidenschaft fürs Leben ist – äußerst attraktive Eigenschaften, die nicht ausschließlich der Jugend vorbehalten sind. Darin liegt der Schlüssel, um die Weise in sich anzunehmen. Es geht darum, nun das Beste beider Welten zu haben: Lebenserfahrung und Selbsterkenntnis verbunden mit der Freiheit zu sagen und zu tun, was einem passt. Schließlich wird niemand der Weisen unterstellen, sie wüsste nicht, worum es überhaupt geht – wie wir es oft bei Kinder machen. Niemand würde es wagen. Es geht daher nicht um ein Ende, sondern um einen Anfang. Es geht nicht mehr darum, sich nach anderen zu richten, sondern darum, das Leben nach den eigenen Werten auf eigene Weise zu leben.

Ich hoffe, dass Sie zumindest eine Weise als Vorbild haben, von der Sie lernen können, dass das Alter nichts ist, vor dem Sie Angst haben müssten. Das Älterwerden gibt uns die Möglichkeit, unser Leben von einer anderen Perspektive aus zu betrachten und neue Freiheiten zu genießen. Es ist vielleicht die größte Herausforderung, sich mit der Göttin in Gestalt der Weisen zu identifizieren, weil diese sowohl Schöpfung als auch Zerstörung repräsentiert. Dies ist eines der großen Paradoxe des Lebens: dass sich hell und dunkel, gut und böse, männlich und weiblich ergänzen. Gesundheit bedeutet uns nichts, wenn wir nicht einmal krank gewesen sind. Wahre Liebe erkennen wir nur dann, wenn wir einmal unglücklich verliebt waren. Aber die Weise möchte Sie ermutigen, noch weiter zu schauen und zu hinterfragen, warum wir überhaupt bestimmten Dingen bestimmte Eigenschaften zuordnen – warum manches „gut" und anderes „schlecht" ist. Wenn Sie sich anschauen, was in anderen Kulturen als gut oder schlecht, als akzeptabel oder als inakzeptabel gilt, werden Sie sehen, dass es sich dabei um soziale Konstrukte

handelt. Es gibt keine universell gültige Realität, nur eine durch unsere Einstellung gegenüber den Dingen definierte. Und diese können wir jederzeit ändern.

Die Weise schenkt uns die Freiheit, die Welt mit neuen Augen zu sehen – zum Beispiel, indem wir erkennen, dass Kali, die Bezwingerin der Dämonen, die Welt durch ihre Taten rettet. Wer würde es wagen, ihre Methoden zu kritisieren? Aufgrund welcher Autorität urteilen wir über sie? Wenn wir die Schattenseite des menschlichen Wesens akzeptieren, werden wir verständnisvoller, mitfühlender und vergebender. Wir hören auf zu urteilen und machen damit den ersten Schritt zur Befreiung. Die Weisheit der Alten erlaubt es Ihnen, die Welt mit neuen Augen zu sehen und „richtig" und „falsch" in Frage zu stellen. Statt zu urteilen, werden Sie die Dinge eher so akzeptieren, wie sie sind.

In ihrem Buch über die Wechseljahre nennt Leslie Kenton diese Phase „den Lockruf des Abenteuers". Es überrascht nicht, dass viele Frauen in dieser Zeit Schriftstellerinnen, Künstlerinnen oder Geschäftsfrauen werden. Aber die neugefundene Kraft zeigt sich vor allem im Bereich der Spiritualität. So findet die weibliche Dreiheit ihre Vollendung: Bei der Jungfrau drehte sich alles um den Körper, die Mutter führte uns in die Welt der Psyche, des Geistes und der Gefühle ein und die Weise schließlich entdeckt als ihr innerstes Wesen die Seele und lernt nach spirituellen Gesetzen zu leben. Kein Wunder, dass das Patriarchat, das sich auf das Äußere und Oberflächliche konzentriert, die Dunkle Göttin fürchtet und sie in seinen Geschichten völlig verzerrt darstellt. Aber wenn Sie Märchen unvoreingenommen lesen, werden Sie entdecken, dass die Hexe – der Schatten – immer der Auslöser für Veränderungen ist. Ohne sie gäbe es kein Happyend. Ganz gleich, wie alt Sie sind, ich bitte Sie, die männliche Weltsicht in Bezug auf uns Frauen und unsere Körper aufzugeben. Erheben Sie Anspruch auf Ihre Freiheit und Ihre Macht. Nehmen Sie die Dunkle Göttin an, und erkennen Sie in ihr die Gefährtin, Ratgeberin und Beschützerin, die sie ist.

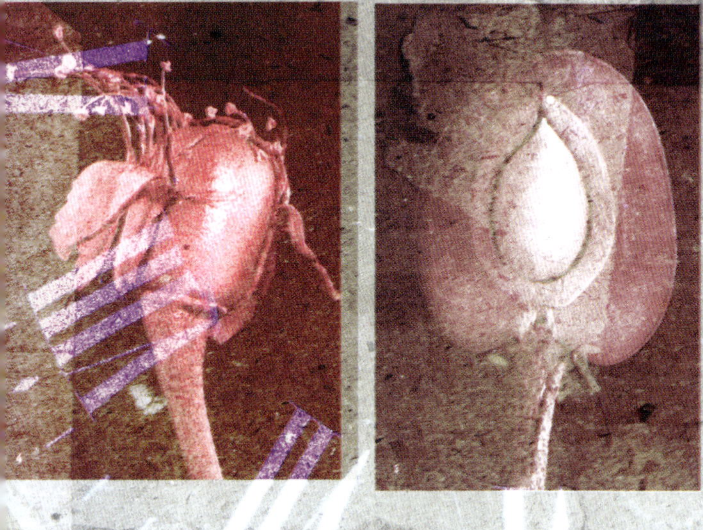

Schöpferin-Zerstörerin
Der Archetypus der Weisen ist im Reich der Göttinnen vermutlich derjenige, der uns vor die größten Herausforderungen stellt, weil sie den schöpferischen und den zerstörerischen Aspekt des Lebens und der menschlichen Natur als Einheit repräsentiert. Der eine ist ein Aspekt des anderen, ohne den wir nicht existieren könnten.

Kali

Die hinduistische Göttin (Devi) von Geburt und Tod

Sie steht auf der Brust ihres Gefährten Shiva,
denn sie ist Shakti, die Macht,
die nicht vom Absoluten getrennt werden kann.
Sie ist von Schakalen und anderen unheiligen Wesen,
den Bewohnern der Verbrennungsstätte, umgeben.
Aber ist nicht die Höchste Realität jenseits von
Heiligkeit und Unheiligkeit?
Sri Ramakrishna, indischer Heiliger des 19. Jahrhunderts

Mit ihrem schwarzen Gesicht, das lüstern auf den Körper ihres Gefährten Shiva schaut, dessen Eingeweide aus ihrem Mund hängen, und mit einer Kette aus Schädeln um den Hals, ist die hinduistische Göttin Kali ein schrecklicher Anblick. Sie ist die Schattengestalt schlechthin und repräsentiert Polaritäten, die der westliche Verstand nur schwer unter einen Hut zu bringen vermag. Obwohl viele Geschichten Kali als schrecklich gewalttätig darstellen, werden ihr zu Ehren auch wunderschöne, liebevolle Gedichte geschrieben. Sie ist das ultimative Rätsel.

Von Kali heißt es, sie sei zu einer Zeit geboren worden, als männliche Werte das Leben der Menschen bestimmten, und tatsächlich haben die Brahmanen, die Mitglieder der höchsten Hindukaste, ihre drei Eigenschaften auf drei männliche Götter übertragen: Brahma der Schöpfer, Vishnu der Bewahrer und Shiva der Zerstörer. Aber viele Hinduschriften, darunter das *Nirvana Tantra,* verwarfen diesen Versuch, Kalis Bedeutung zu schmälern, und blieben dem Einen Ursprünglichen Wesen, der Mutter der Welt, treu.

Kali entsprang dem dritten Auge von Durga, einer zornigen Kriegsgöttin, die die Welt von den zahlreichen Dämonen befreien wollte. Mit furchtbaren Waffen und einem Lachen, das das Blut zum Gefrieren bringt, riss Kali ihre Feinde in Stücke und trank ihr Blut. Einmal war sie so betrunken, dass sie wie wild zu tanzen begann und erst zu spät erkannte, dass das Fleisch unter ihren Füßen Shiva war und dass sie ihn beinahe zu Tode getrampelt hätte. Es heißt, dass Kali eines Tages ihren Tanz fortsetzen und so das Ende der Welt herbeiführen wird.

Kalis bevorzugte Methode, Dämonen zu töten, bestand darin, sie zu enthaupten. Jahrhunderte lang wurden in Indien Männer geköpft und der Göttin als Opfer dargebracht.

Die indische Abstammungslinie

Kali ist der bösartigste Aspekt der Göttin Shakti – und wahrscheinlich der schrecklichste Aspekt der Großen Göttin. Ihr Gefährte ist Shiva, dessen negative Aspekte sie unterstützt. Einige Mythen stellen sie als die Verkörperung des Zorns und der Wildheit der Göttin Durga dar. Auch Nirriti, die Göttin des Unglücks, wird mit Kali assoziiert.

Symbole
Kalis heilige Farben (Gunas) in ihrer dreifachen Gestalt:
✳ Jungfrau – weiß – Geburt
✳ Mutter – rot – Leben
✳ Alte – schwarz – Tod

Thema Die Vergänglichkeit des Lebens
Schlüsselrolle Schöpferin und Zerstörerin
Lebensaufgabe Zu erkennen, dass wir unsere Welt nur verwandeln und unser Potenzial verwirklichen, wenn wir das Alte loslassen.

Andere Kali-Rollen
✳ Schwarze Mutter der Zeit
✳ Die Mutter des Schreckens
✳ Erretterin der Welt (von Dämonen)

Eigenschaften	
Funktional	Dysfunktional
Kreativ	Destruktiv
Schützend	Rachsüchtigl
Stärkend	Verschlingend
Frei	Böse
Tolerant	Wild

Kali heute

Sie finden wahrscheinlich, dass eine Göttin, die Menschenfleisch isst und auf einem ausgebluteten Leichnam tanzt, wenig mit Ihnen zu tun hat. Um eine Verbindung herzustellen ist es nötig, über die blutige Gestalt hinauszuschauen und das Wesen der Kali zu erforschen. Ob es uns nun gefällt oder nicht, ein Teil von ihr ist in uns allen. Bevor wir die Weisheit der Dunklen Mutter verkörpern können, müssen wir unser gesamtes kulturelles und religiöses Gepäck über Bord werfen. Kant nannte dies den Tod des Dogmas und die Geburt der Realität. Erst dann können wir die Welt mit neuen Augen sehen.

Wenn ich vor einer schwierigen Situation stehe, frage ich mich häufig: „Was wenn dies alles völlig in Ordnung wäre?" Viel zu oft beurteilen wir Situationen danach, wie sie sein oder nicht sein sollten. Wir stellen Vermutungen hinsichtlich der Motive anderer Menschen an und kommen zu schnell zu einem – oft negativen – Urteil. Frauen, die einen starken Kali-Archetypus entwickelt haben, zucken oft die Achseln, sagen „schon möglich" zu den Schlussfolgerungen anderer und warten, bis sie alle Teile des Puzzles beisammen haben – statt Vermutungen anzustellen. Sobald Sie anfangen, Ihre Glaubenssätze in Frage zu stellen, werden Sie überrascht feststellen, dass Ihr ganzes Leben auf den Meinungen

anderer aufgebaut ist – von den Eltern und Lehrern bis zu den Medien und religiösen Autoritäten. Das ist keine Freiheit – und ganz sicher nicht die Freiheit einer weisen Frau.

Zunächst stößt Sie Kali vermutlich ab, denn Gewalt, Tod und Zerstörung gelten nicht gerade als weibliche Eigenschaften. Und doch ist Mutter Natur äußerst gewalttätig und zerstörerisch und bringt Erdbeben, Stürme und Vulkanausbrüche hervor, gegen die sich die Menschen bis heute nicht schützen können.

Da das Patriarchat das weibliche Prinzip nicht verstehen will, sondern Angst davor hat, sind Kalis metaphorische Darstellungen völlig missverstanden worden. Ihr „blutrünstiger", fleischfressender, bluttrinkender Tanz repräsentiert einfach, dass das Leben ein nie endender Kreislauf aus Ende und Anfang, aus Tod und Wiedergeburt ist. Dass Fleisch und Blut Elixiere der Unsterblichkeit sind, vertraten viele der frühen Philosophien und Religionen. Die Christen pflegen diesen Brauch ja noch heute, wenn sie beim Abendmahl Wein und eine Hostie zu sich nehmen, die das Blut Christi und seinen Leib repräsentieren.

Wenn wir den Kali-Archetypus annehmen, anerkennen wir, dass in uns allen die schreckliche Mutter lebt, die dunkle, kulturell unterdrückte Seite, die das Licht ergänzt; der Luzifer in uns, der uns hilft, das Göttliche besser zu verstehen. Kali zeigt uns auch, dass es etwas gibt, das dem Tod nicht unterworfen ist, und dass alles andere ohnehin nur Illusion ist. Weisheit werden wir nur erlangen, wenn wir alles, was uns teuer ist, aufgeben. Die Suche nach der Wahrheit beginnt erst dann, wenn wir anfangen zu zweifeln. Zweifel ist der Katalysator für die positive Änderung unserer Einstellung, die zu geistiger Wandlung führt. Das ist das Erbe der Kali.

Wie Sie die Kali in sich entwickeln

- ✳ Nehmen Sie sich Zeit, in der Sie ungestört sind.
- ✳ Setzen Sie sich bequem vor Ihren Altar, und entspannen Sie sich. Lassen Sie sich von den Gegenständen inspirieren.
- ✳ Zünden Sie eine Duftkerze oder Räucherstäbchen an, um eine meditative Atmosphäre zu schaffen.
- ✳ Zentrieren Sie sich, bis Sie ruhig und empfänglich sind. Atmen Sie tief und gleichmäßig ein und aus.
- ✳ Konzentrieren Sie sich auf die Themen, die Sie erforschen möchten. Lassen Sie Ihre innere Weisheit und Kreativität die Lösung finden.
- ✳ Anschließend schreiben Sie Ihre Entdeckungen und Einsichten in Ihrem Tagebuch auf.

Eine Übung, um voreilige Schlüsse zu vermeiden

Wie eine Reise schwieriger zu werden scheint, wenn sie sich dem Ende nähert, so ist der Übergang zur Weisen eine ganz besondere Herausforderung – vor allem im Hinblick auf den Kali-Archetypus. Dies ist keine leichte Übung, aber sie lohnt sich allemal. Versuchen Sie sie zuerst zehn Minuten lang, dann eine Stunde, dann ein paar Tage und so weiter. Beginnen Sie, indem Sie die folgende Affirmation wiederholen: „Ich verpflichte mich, in den nächsten Minuten/Stunden/Tagen kein Urteil zu fällen und keine voreiligen Schlüsse zu ziehen." Wie Goethe sagte, hilft einem die Vorsehung, sobald man sich fest vorgenommen hat, etwas Bestimmtes zu tun. Suchen Sie einfach nach einer, zwei oder mehr alternativen Bedeutungen für das, was in Ihrem Leben geschieht. Ein Beispiel: Welche Optionen haben Sie, wenn Sie nur eine Zitrone besitzen, die zwei Leute haben wollen? Würden Sie sie halbieren, damit die beiden sie teilen können? Sollte einer von beiden sich eine andere Zitrone kaufen? Sollten Sie eine Münze werfen?

Aber überhaupt etwas zu sagen, ist das Gegenteil von dem, was Sie tun werden, wenn Sie diesen Archetypus annehmen. Dafür ist es aber nötig, dass Sie alles hinterfragen, statt Mutmaßungen anzustellen. Um beim obigen Beispiel zu bleiben: Die Weise würde die zwei fragen, wofür sie eine Zitrone brauchen. Erst wenn Sie diese Information haben, können Sie die richtige Lösung finden. Wenn einer den Saft trinken möchte und der andere die Schale für einen Kuchen braucht, reicht eine Zitrone für beide.

Verpflichten Sie sich heute, allem eine Bedeutung zu geben. Stellen Sie Fragen, die Ihnen helfen werden, die unzähligen Bedeutungen auch des kleinsten Ereignisses zu verstehen. Und dann, wenn Sie eine ganze Reihe von möglichen Antworten haben, vertrauen Sie darauf, dass Ihre Intuition und Ihre Weisheit sich für die richtige entscheiden werden.

Cailleach

Die keltische Göttin des Krieges, des Todes und der Souveränität

Sie lauerte wie ein wildes Tier, sprungbereit,
sie mit den langen Nägeln, sie mit den langen Zähnen,
sie lief durch die Hügel wie Donner.
Schottisches Volkslied

Das Wort „Cailleach" heißt so viel wie „altes Weib", aber auch „die Verschleierte" – ein Hinweis auf ihre destruktiven Kräfte als Todesbringerin. Es bedeutet aber auch „Nonne", was interessant ist, wenn man bedenkt, dass damals das Heidentum und das Christentum um die Herzen, den Geist und die Seele der Bevölkerung kämpften. Wie Kali, mit der sie viele Ähnlichkeiten aufweist, ist Cailleach schrecklich anzusehen: graues Haar – „wie das Gestrüpp eines sterbenden Waldes" – umrahmt ein schwarzblaues Gesicht, aus dem nur ein Auge und ein einzelner roter Zahn hervorstechen. Sie ist die Verkörperung des hässlichen, alten Weibes, das in allen Märchen vorkommt und zu dem keine Frau werden möchte. Aus diesem Grund ist dieser Archetyp so schwer zu akzeptieren.

Als die Kelten vor 2000 Jahren in Irland und Schottland ankamen, wurde Cailleach dort bereits verehrt und ihr Kult starb niemals aus. Gerade wegen ihres Alters ist nur wenig über diese jahreszeitliche Göttin bekannt. Wir wissen, dass sie den Winter repräsentiert und ständig gegen ihre jüngeren Gegner kämpft – die Frühlingsgottheiten, die mit der Zeit altern und vergehen, so dass am Ende doch die Alte an der Macht bleibt.

Manchen Geschichten zufolge hat Cailleach einen unstillbaren sexuellen Appetit und sucht sich junge Männer, mit denen sie sich vergnügt, bevor sie sie aus dem Haus wirft. Während die jungen Männer altern, verändert sie sich nicht. Die Mythen erzählen auch von ihrer ungeheuren Kraft: Wenn sie auf ihrem Hof arbeitet, trägt sie Felsen in ihrer Schürze und versetzt sogar Berge. Viele Felsformationen sind nach ihr benannt.

Da sie wie alle Angehörigen dieses Archetypus sowohl schöpferisch als auch zerstörerisch wirkt, heißt es, dass sie das Wetter kontrolliert und entweder stürmische Winde und fallende Temperaturen verursacht oder verhindert.

Die keltische Abstammungslinie

Dieser uralten geheimnisvollen Göttin der Kelten, die mal als altes Weib, dann wieder als wunderschöne Jungfrau erscheint, verdankt Schottland seinen alten Namen: Kaledonien. Obwohl der Mythos überall in der irischen und schottischen Folklore vorkommt, stammt er wahrscheinlich aus dem Südwesten Irlands. Vermutlich ist Cailleach eine präkeltische Gottheit. Als Cally Berry taucht sie im 9. Jahrhundert im „Klagelied der alten Frauen von Beare" auf – einem Monolog, in dem ihre Jugend und ihre Einsamkeit im Alter besungen werden. Wie Hekate so stellt auch sie jungen Männern nach.

Symbol
Das Spinnrad (Auch die spinnende Alte genannt, quälte und bestrafte Cailleach Frauen, die es nicht fertig brachten, aus bestimmten Substanzen feines Garn zu spinnen).

Thema Die Wiederaneignung persönlicher Macht
Schlüsselrolle Hüterin der unberührten Natur
Lebensaufgabe Zu erkennen, dass im Annehmen der Einsamkeit die eigene Souveränität liegt und dass Sie die Bewunderung der anderen nicht brauchen, wenn Sie sich selbst lieben.

Andere Cailleach-Rollen
- Die Schwarze Mutter (wie Kali auf Seite 98 bis 103)
- Der Geist der Krankheit
- Die schwarze Königin (wie die spanische Califia, nach der Kalifornien benannt ist)

Eigenschaften	
Funktional	Dysfunktional
Willensstark	Manipulativ
Unmaterialistisch	Grausam
Hohes Selbstwertgefühl	Streng/Kalt
Schöpferisch	Zerstörerisch
Machtvoll	Rachsüchtig

Cailleach heute

Die Cailleach manifestiert sich in allen Frauen, die sich – weil sie so selbstbewusst sind – nichts aus ihrer äußeren Erscheinung machen. Obwohl sie manchmal „wild" genannt werden, sagt dies nichts über ihren Charakter aus. Die Cailleach-Frau weiß um den Unterschied zwischen Alleinsein und Einsamkeit. Sie sieht ihr Alleinsein und die Absonderung von der Gesellschaft als Zeichen ihrer Macht und nicht als persönliches Versagen. Der Beifall der Gesellschaft ist ihr gleichgültig geworden.

Da er viel Zeit damit zugebracht hat, sich selbst kennen zu lernen, ist dieser Archetypus emotional und psychisch stark und selbstbewusst. Aber da wir nun einmal in einer Gesellschaft leben, die die Weise oder die Alte in ihren Geschichten seit Jahrhunderten verunglimpft, sollte sich die heutige Cailleach hüten, zu distanziert und desinteressiert zu wirken. Es geht hier darum, zwar allein glücklich sein zu können, aber Freundschaften willkommen zu heißen.

Die Cailleach manifestiert sich in Frauen, die sich nicht um äußere Konventionen kümmern und die selbstbewusst das Diktat der Schönheitsindustrie ignorieren, jede graue Strähne zu färben und jede Falte zu glätten. Sie wählt ihre Kleidung, weil sie bequem, nicht weil sie modisch ist. Obwohl diese Frauen sich weigern, dem patriarchalischen Frauenbild zu entsprechen, finden Männer sie oft sehr interessant. Es ist

etwas äußerst Verführerisches an Frauen, die so selbstbewusst sind. Cailleach-Frauen haben gelernt, ihr Alleinsein zu genießen, statt die Einsamkeit lediglich zu ertragen. Sie sehen ihre Absonderung als Zeichen ihrer Macht, da sie auf die Anerkennung der Gesellschaft keinen Wert mehr legen. Da sie genug Zeit damit verbracht haben, sich selbst kennen zu lernen, sind sie auf emotionalem und psychischen Gebiet äußerst stark. Sie fühlen sich wohl in ihrer Haut und akzeptieren sich, so wie sie sind.

Die Cailleach wird eine bestimmende Kraft in Ihrem Leben werden, wenn Sie – zum Beispiel nach dem Tod des Partners – eine Zeit lang allein gelebt haben. Sobald Sie ausreichend getrauert und akzeptiert haben, dass Sie nun allein sind, werden Sie entdecken, dass Sie sich verlieren müssen, um sich zu finden. Aber die Cailleach sollte sich hüten, so kalt wie die Jahreszeit zu sein, mit der man sie assoziiert. Das Schlüsselwort ist Ausgewogenheit – sich in seiner eigenen Gesellschaft wohl zu fühlen, aber andere Menschen nicht zurückzuweisen, seine eigenen Interessen zu verfolgen, aber die Bedürfnisse anderer zu achten, sich Zeit für sich selbst zu nehmen, aber dennoch Teil der Welt zu sein.

Wie Sie die Cailleach in sich entwickeln

- ✳ Nehmen Sie sich Zeit, in der Sie ungestört sind.
- ✳ Setzen Sie sich bequem vor Ihren Altar, und entspannen Sie sich. Lassen Sie sich von den Gegenständen inspirieren.
- ✳ Zünden Sie eine Duftkerze oder Räucherstäbchen an, um eine meditative Atmosphäre zu schaffen.
- ✳ Zentrieren Sie sich, bis Sie ruhig und empfänglich sind. Atmen Sie tief und gleichmäßig ein und aus.
- ✳ Konzentrieren Sie sich auf die Themen, die Sie erforschen möchten. Lassen Sie Ihre innere Weisheit und Kreativität die Lösung finden.
- ✳ Anschließend schreiben Sie Ihre Entdeckungen und Einsichten in Ihrem Tagebuch auf.

Affirmationen

- ✳ Ich bin meine beste Freundin.
- ✳ Ich liebe mein Leben, wie es ist. Solange ich mich selbst wahrhaft kenne, bin ich niemals allein.
- ✳ Ich bin nicht von anderen abhängig und mir meines Wertes bewusst.
- ✳ Ich lebe mein Leben so total wie möglich und genieße jeden Augenblick.
- ✳ Jedes Jahr werde ich selbstbewusster, weil ich weiß, wer ich bin und wie wichtig ich für das Universum bin.

Ein Abend mit sich selbst

Sie planen einen ganz besonderen Abend für jemanden, den Sie sehr lieben, mit dem Sie aber lange Zeit keinen Kontakt mehr hatten. Daher möchten Sie dieser Person einen unvergesslichen Abend bereiten. Sie hat genau dieselben Vorlieben und Wünsche wie Sie selbst – ja, sie ist Sie, der Teil von Ihnen, den C. G. Jung den Schatten nannte – die dunkle Göttin, die in Ihrer Seele lebt.

Nehmen Sie ein Blatt Papier, und schreiben Sie auf, was Ihr inneres Selbst – Ihr Schattenselbst – an einem Abend, an dem Sie ganz mit ihm allein sind, gerne hätte. Da es keine äußeren Störungen geben sollte, sind Fernsehen, Radio oder Zeitschriften nicht gestattet. Überlegen Sie sich, was Sie für die verschiedenen Aspekte Ihres Selbst tun können.

- Was können Sie Ihrem Körper Gutes tun?
- Was können Sie für Ihren Verstand tun?
- Was können Sie für Ihre Gefühle tun?
- Womit können Sie Ihren Geist anregen?

Hier einige Beispiele:

- Bereiten Sie Ihr Lieblingsessen zu, und essen Sie es von Ihrem besten Porzellan – mit Servietten und Kerzen.
- Hören Sie Ihre Lieblingsmusik.
- Lesen Sie in Ihren Lieblingsbüchern.
- Massieren Sie Arme und Beine mit duftenden Ölen.
- Seien Sie den ganzen Abend über nackt (stellen Sie die Heizung höher).
- Springen Sie auf dem Bett herum, und machen Sie eine Kissenschlacht mit sich selbst.
- Legen Sie eine Kassette auf, auf der jemand lacht, und lachen Sie mit, bis Sie nicht mehr können.
- Wenn alle Ihre Sinne befriedigt sind, sitzen Sie still und schauen vor sich hin. Tun Sie absolut nichts.

Denken Sie an so viele Dinge wie möglich, die Sie an diesem Abend oder an einem ganzen Wochenende für sich selbst tun können. Die Möglichkeiten sind endlos. Genießen Sie Ihre eigene Gesellschaft, und schließen Sie den Rest der Welt aus. Nehmen Sie das Telefon nicht ab, und gehen Sie nicht an die Tür. Bereiten Sie alles im Voraus vor.

Folgendes könnte passieren:

1. Sie hassen es, mit sich selbst allein zu sein. Finden Sie heraus, warum es Ihnen unangenehm ist. Wenn Sie Ihre eigene Gesellschaft nicht genießen können, wie können Sie dann die anderer Leute genießen? Haben Sie wirklich all die Dinge getan, von denen Sie immer geträumt haben? Haben Sie sich vielleicht nicht wirklich selbst verwöhnt? In welchen anderen Bereichen Ihres Lebens tun Sie es ebenfalls nicht?

2. Sie waren überrascht, wie sehr Sie es genossen haben, und wollen es bald wieder tun und sich noch mehr Möglichkeiten ausdenken, wie Sie Ihrem Schatten eine Freude machen können.

3. Weil Sie ohnehin allein leben und sich immer als Einzelgängerin betrachtet haben, hatten Sie vergessen, wie wichtig es ist, zu sich selbst gut zu sein. Es reicht nicht aus, einfach nur zu existieren. Das Leben erwartet von uns, dass wir wirklich „sind" und unseren Geist, unseren Körper und unsere Seele nähren, damit wir stets unser Bestes sind.

Hekate

Die Göttin des abnehmenden Mondes

Der Mond ist Hekate. Ihre Macht offenbart sich in dreierlei Form.
Das Symbol des Neumondes ist die Gestalt
in der weißen Robe
mit den goldenen Sandalen und einer brennenden Fackel.
Der Korb, den sie trägt, ist das Symbol für die Ernte,
die eingebracht werden kann, wenn ihr Licht zunimmt.
Porphyrios (233–304 u.Z.), Neuplatoniker, Gelehrter und Philosoph

Hekates Geschichte ist eng mit Persephone (Seite 56 bis 61) und Demeter (Seite 78 bis 83) verflochten. Hekate sagt der verzweifelten Mutter, dass sie Persephones Schreie gehört hat, als diese von Hades entführt wurde, und schlägt vor, den Sonnengott Helios zu befragen. Helios erzählt ihnen die Einzelheiten, weil er die Szene beobachtet hat, und teilt Demeter mit, dass Zeus selbst die Entführung gutgeheißen hat. Hekate wird Persephones Gefährtin in der Unterwelt und symbolisiert somit neue Dimensionen und neue Möglichkeiten.

Hekates eigene Geschichte, die illustriert, wie eine himmlische Mondgöttin mit Dämonen, Zauberei und Magie in Verbindung gebracht wird, zeigt wie sehr sich das Patriarchat vom Geburtsvorgang zu distanzieren sucht. Hekate, die sich im Haus einer gebärenden Frau befindet, wurde von den anderen Göttern in den Fluss Acheron geworfen, um alle „Unreinheiten" abzuwaschen. Die Strömung zog Hekate in die Unterwelt, wo sie die Frau von Hades wurde. Hekate, die vielfach mit der weiblichen Kraft gleichgesetzt wird, wurde als Hexenkönigin verteufelt, die mit bösen Geistern in Verbindung stand. Aufgrund der Angst vor dieser Göttin wurden im Mittelalter viele Hebammen ermordet.

Die griechische Abstammungslinie

Hekate wird mit vielen anderen griechischen Göttinnen in Verbindung gebracht und auch mit der alten ägyptischen Geburtsgöttin Heket, die jeden Morgen dem Sonnengott bei seiner Geburt half. Hekate repräsentiert die weibliche Dreiheit: Hebe die Jungfrau, Hera die Mutter und Hekate die Alte. Einige Versionen dieses Mythos ordnen Hekate auch Selene die Mondgöttin, Artemis die Jagdgöttin (Seite 46 bis 51) und Persephone die Königin der Unterwelt zu.

Symbole

✳ Der Mond
✳ Der Frosch (repräsentiert den Fetus – da Hekate Schutzgöttin der Hebammen ist)

Thema Die magische Kraft des weiblichen Prinzips
Schlüsselrolle Weise Hexe
Lebensaufgabe Zugang zur eigenen Intuition zu finden und ihr zu vertrauen.

Andere Hekate-Rollen

✳ Göttin der Weggabelungen
✳ Göttin des Geheimnisses, der Zauberei und Magie
✳ Die Ferne – die besonders in der Nacht Rat erteilt

Eigenschaften	
Funktional	Dysfunktional
Schöpferisch	Zerstörerisch
Intuitiv	Ignorant
Beschützend	Manipulativ
Verwandelnd	Heimlichtuerisch
Fördernd	Kühl

Hekate heute

Hat sie ihre Fähigkeiten voll entwickelt, dann ist die Hekate-Frau äußerst intuitiv. Sie benutzt die Innenschau, um Möglichkeiten zu finden, ihr alltägliches Leben sinnvoll zu gestalten. In unserer Gesellschaft, die nur Wert auf das Logische, das Erklärbare und das Materielle legt, wird die weibliche Intuition oft belächelt. Aber selbst in der Geschäftswelt wird sie heute immer häufiger eingesetzt. Viele Geschäftsleute, Männer wie Frauen, handeln aus dem Bauch heraus – besonders wenn es darum geht, neue Mitarbeiter einzustellen. Meistens ist es unmöglich, sich für einen Kandidaten nur aufgrund seines Lebenslaufes zu entscheiden, da er sowohl auf emotionaler wie auch auf mentaler Ebene ins Team passen muss. Diese Information kommt rein intuitiv zu uns.

Hekate kann uns also helfen, von innen her zu entscheiden und zu handeln – mehr vom Herzen her und nicht so sehr vom Kopf. Darin unterscheidet sie sich sehr von der Göttin Athene (Seite 64 bis 65), die mehr im Kopf lebt. Wenn Sie dazu neigen, sich mit Athene zu identifizieren, ist es hilfreich, ab und zu Hekate anzurufen, damit Sie die Dinge einmal von einer anderen Perspektive aus betrachten können.

Typisch für Hekate-Frauen ist,

* dass sie mit zunehmendem Alter immer kreativer werden. Das heißt nicht unbedingt, dass sie schreiben, malen oder sonst künstlerisch tätig sind. Kreativ zu sein heißt auch, Lösungen für Probleme zu finden, indem Zusammenhänge zwischen scheinbar unzusammenhängenden Dingen hergestellt werden;
* dass sie jüngere Frauen fördern oder unterstützen;
* dass sie ihrer Intuition mehr vertrauen und selbstbewusst aufgrund ihrer Eingebungen handeln, obwohl andere Logik vorziehen.

Wie Sie die Hekate in sich entwickeln

- Nehmen Sie sich Zeit, in der Sie ungestört sind.
- Setzen Sie sich bequem vor Ihren Altar, und entspannen Sie sich. Lassen Sie sich von den Gegenständen inspirieren.
- Zünden Sie eine Duftkerze oder Räucherstäbchen an, um eine meditative Atmosphäre zu schaffen.
- Zentrieren Sie sich, bis Sie ruhig und empfänglich sind. Atmen Sie tief und gleichmäßig ein und aus.
- Konzentrieren Sie sich auf die Themen, die Sie erforschen möchten. Lassen Sie Ihre innere Weisheit und Kreativität die Lösung finden.
- Anschließend schreiben Sie Ihre Entdeckungen und Einsichten in Ihrem Tagebuch auf.

Übung zur Förderung der Intuition

1. Denken Sie an ein Problem, das einer Lösung bedarf, vom Verstand aber nicht gelöst werden konnte. Formulieren Sie es so offen wie möglich, damit Sie die universelle Führung nicht unnötig einschränken, zum Beispiel: „Was muss ich wissen, um das Richtige tun zu können?"

2. Kommen Sie körperlich und geistig zur Ruhe – auf welche Weise auch immer. Lassen Sie sich Zeit dabei. Je entspannter Sie sind, desto eher kommt die Antwort von der rechten Hirnhälfte, die für Intuition und Kreativität zuständig ist.

3. Gehen Sie nun entspannt – und doch konzentriert – im Raum umher, und heben Sie einen Gegenstand auf, der Ihnen irgendwie ins Auge fällt. Sie können aber auch vorher verschiedene Gegenstände auswählen und auf einen Tisch legen. Vertrauen Sie darauf, dass das, was Sie auswählen, das richtige Symbol für Ihre jetzigen Bedürfnisse ist. Folgen Sie immer Ihrem ersten Impuls.

4. Untersuchen Sie den Gegenstand genau – Form, Farbe, Größe, Gewicht, Potenzial, Temperatur, Beschaffenheit. Schreiben Sie diese Merkmale auf.

5. Wenn Sie damit fertig sind, denken Sie wieder an die ursprüngliche Frage: Was haben diese Merkmale mit dem Problem zu tun? Denken Sie daran, dass das Universum aus einer Unzahl von Verbindungen besteht und dass alles miteinander verbunden ist – auch wenn wir dies nicht immer erkennen können. Das ist das Geheimnis der Kreativität. Irgendwo auf Ihrer Liste wird die gesuchte Antwort oder der Katalysator sein, der Ihnen hilft, eine Lösung für das Problem zu finden.

Affirmationen

- Meine Lebenserfahrung ist von unschätzbarem Wert für andere. Ich unterstütze und fördere auch Frauen, deren Lebensweg sich von meinem unterscheidet.
- Jeden Tag werde ich in vielerlei Hinsicht kreativer. Die Zusammenhänge, die ich herstelle, sind einfach der Beweis, dass alles im Universum miteinander verbunden ist.
- Meine Intuition ist mein innerer Kompass, der mich sicher auf den Weg zu Glück und Erfüllung führt.
- Ich habe die Macht, mein Leben in jedem Augenblick zu verwandeln.

Cerridwen

Hüterin des Kessels der Inspiration und des Wissens

Diese mystische walisische Zauberin und Göttin war die Hüterin des Kessels der Inspiration und des Wissens. Ihre Tochter war Creidwy, was „hell" oder „schön" bedeutet, und ihr Sohn war Afagdu, was „dunkel" oder „hässlich" heißt. Um Afagdus Aussehen auszugleichen, braute Cerridwen einen magischen Trank, der ihm alle Weisheit der Welt schenken würde. Die Aufsicht über den Trank, der ein Jahr lang brauen musste, bevor die Magie komplett war, übergab sie ihrem Diener Gwion.

Einige Tropfen der Flüssigkeit fielen auf Gwions Hand, und als er sie aufleckte, kam er in den Besitz der Weisheit, die für Afagdu bestimmt war. Die wütende Cerridwen jagte ihm hinterher, wobei sich die beiden von einem Tier in ein anderes verwandelten. Als sich Gwion schließlich in ein Korn verwandelte, nahm Cerridwen die Form einer Henne an und fraß ihn auf. Neun Monate später gebar sie Taliesin, der – im Besitz allen Wissens und mit der Gabe der Prophezeiung ausgestattet – ein großer Barde wurde. Er sah den Tod des Königs Maelgwyn voraus, einer historischen Figur, die 547 u.Z. gestorben sein soll.

Cerridwen heute ist eine Frau, die

* sich ihrer Schattenseite widersetzt;
* die Verantwortung für ihre Entwicklung auf andere abwälzt – zum Beispiel auf einen Guru;
* ihre eigene innere Kraft und Weisheit nicht anerkennt;
* sich vor ihrer eigenen Kraft fürchtet.

Symbole

* Aasfressende Sau (Die Wurzel „Cerdo", von der ihr Name abgeleitet ist, ist das spanische Wort für Schwein.)
* Hüterin des magischen Kessels
* Gestaltwandlerin (vom Menschen zum Tier)

Dysfunktionale Eigenschaften
Vernachlässigt ihre Verantwortung
Rachsüchtig

Fragen zur Kontemplation

1. Auf welche Weise überkompensieren Sie Ihre Schattenseite (im Mythos durch Afagdu repräsentiert)?
2. Wenn Sie einen Weisheitstrank brauen würden, was würde er enthalten? Was davon besitzen Sie bereits, und was müssen Sie noch entwickeln? Wie können Sie das erreichen?
3. In welchen Bereichen geben Sie die Verantwortung ab? Wer ist der ungeschickte Diener in Ihrem Leben? Was würden Sie anders machen?
4. Denken Sie an das Konzept der Gestaltwandlung, die Macht des Wicca, etwas zu verformen oder es in etwas anderes zu verwandeln. Wie weit haben Sie die Fähigkeit, Ihr Bewusstsein willentlich zu verändern, ausgebildet?
5. Dass Zerstörung der Wiedergeburt vorangehen muss, ist das Gesetz der Natur. In welchem Lebenszyklus befinden Sie sich im Moment? Sind Sie sich darüber im Klaren, was Sie gebären möchten?

Hel

Die nordische Königin der Unterwelt

Hel ist die nordische Königin der Unterwelt, von der die Hölle ihren Namen erhalten hat. Wie viele andere der weisen Göttinnen soll sie schrecklich anzusehen gewesen sein. Ihre Aufgabe war es, die Toten in ihrem Reich aufzunehmen – mit Ausnahme derjenigen, die im Kampf gefallen waren. Diese wurden von den Walküren, die über dem Schlachtfeld schwebten und deren Anführerin Brünhild war, nach Walhall in den Palast des Odin gebracht.

Trotz ihrer Rolle war Hel für die alten germanischen Kulturen eine gütige Göttin. Ihr wurden im Mittelalter Titel wie „Dame des Überflusses und der Sättigung" zugedacht. Ihre Anhängerinnen hießen Hallekinen (die Damen der Nacht), die – wenn sie Nahrung erhielten – Wohlstand brachten.

Hel, die in enger Verbindung mit Hekate (Seite 110 bis 113) steht, ist eine weitere dreigestaltige Göttin. Da ihr in schoßartigen, heiligen Höhlen gehuldigt wurde, die mit Vulkanen oder heißen Quellen verbunden waren, wird die Hölle mit großer Hitze in Verbindung gebracht. Sie symbolisiert das Unbewusste.

Ursprünglich bedeutete das Wort „Helm" eigentlich „Zaubermaske", von der die nordischen Schamanen glaubten, dass sie sie unsichtbar mache, so dass sie die Unterwelt betreten und heil zur Erde zurückkehren konnten.

Hel heute ist eine Frau, die

✳ sich mit ihrem Schatten durch Meditation verbindet.
✳ die Vorstellung einer Hölle oder einer strafenden Gottheit ablehnt.
✳ sich mit ihrer eigenen Sterblichkeit angefreundet hat.
✳ die Fähigkeit entwickelt hat, in gefährlichen Situationen „unsichtbar" zu werden.

Symbole

* Fledermaus (die sie begleitet)
* Königin der Unterwelt
* Neu- oder abnehmender Mond
* Walküren und Brünhild
* Feuer als magisches, läuterndes Medium
* Berge und Vulkane
* Dreigestaltige Göttin (wie die griechische Göttin Hekate)

Funktionale Eigenschaften

Ausgeglichen

Machtvoll

Akzeptiert den Schatten

Fragen zur Kontemplation

1. Was assoziieren Sie mit dem Wort „Hölle"? Wie viel davon stammt aus religiöser Indoktrination? Überlegen Sie sich, warum ein gütiges Universum bestimmte Seelen mit ewiger Verdammung bestrafen sollte. Welche politischen Ziele mögen hinter einer solchen Ideologie stehen?

2. Erforschen Sie, wie andere Kulturen über den Tod und was danach mit der Seele passiert denken.

3. Inwieweit ist Ihnen wohl dabei, sich Ihrem Schatten zu stellen? Vermeiden Sie Ausflüge in das Unbewusste, weil Sie sich vor dem fürchten, was Sie dort möglicherweise finden könnten? Sind die Schrecken nicht vielleicht ganz harmlos, wenn sie einmal ans Licht gebracht werden? Wissen Sie noch, dass Sie sich als Kind vor den Schatten an der Wand fürchteten, am Morgen aber entdeckt haben, dass es Ihre geliebten Spielzeuge waren?

4. Stellen Sie sich vor, Sie setzen Ihren Helm der Unsichtbarkeit auf, um tief nach innen zu gehen. Wie sieht der Helm aus? Wie fühlt er sich an? Stellen Sie sich vor, dass Sie mit seiner Hilfe sicher ins Unbewusste reisen können, ohne dass Sie sich selbst dort verlieren.

Die Göttin: Eine Selbstanalyse

6

Wie für die Erstellung eines Horoskops nicht nur das Sternzeichen berücksichtigt werden kann, weil viele verschiedene astrologische Einflüsse unsere Persönlichkeit bestimmen, so lebt in uns allen eine Vielzahl von Göttinnen. Manche sind ein Leben lang dominant und daher leicht zu erkennen. Ich habe immer gewusst, dass in mir eine starke Athene steckt, weil es offensichtlich war, dass ich als Beschützerin der Männer in meinem Leben agiert und Freude daran gehabt habe, ihre Karrieren zu fördern und „die Macht hinter dem Thron" zu sein.

Demeter schien nie ein Archetypus zu sein, der etwas mit mir zu tun haben könnte, aber sie ist in all den Jahren in mir verborgen gewesen. Erst als mich 10 000 Kilometer von meinen Kindern trennten und ich mich nach ihnen sehnte, konnte ich die Demeter in mir erkennen. Und nun – da ich in der Nähe von San Francisco lebe und gezwungen bin, viele Elemente meiner strengen, intoleranten und engstirnigen Erziehung zu überdenken und

abzuschütteln – habe ich den Verdacht, dass ich noch lernen werde, mit Würde zu altern und die Kali und Cailleach in mir zu akzeptieren.

Vielleicht haben Sie beim Lesen der Geschichten gemerkt, dass einige der Göttinnen Sie besonders ansprechen, weil Sie entweder erkannt haben, dass Sie deren Eigenschaften bereits besitzen oder weil Sie sie noch entwickeln möchten. Ich wollte immer mehr wie Artemis sein und bemühe mich, ihren unabhängigen, abenteuerlustigen und selbstsicheren Geist zu entwickeln – aber innerhalb einer Beziehung. Seien Sie sich bewusst, dass die Göttinnen – auch wenn sie als Jungfrau, Mutter und Weise kategorisiert werden – nicht unbedingt in dieser Reihenfolge auftauchen werden. Ich kenne eine ganze Reihe von Persephones im mittleren Alter, Demeters, die Teenager sind, und Hekates, die ihre Intuition und Weisheit bereits entwickelt haben, obwohl sie erst Ende Zwanzig oder Anfang Dreißig sind.

Die folgenden Seiten sollen Ihnen verstehen helfen, wie sich verschiedene Göttinnen zu bestimmten Zeiten manifestieren und wie jede von ihnen vom Potenzial her sowohl funktional als auch dysfunktional sein kann. Ich hoffe, dass sie Ihnen auch dabei helfen werden, mehr über sich selbst, Ihre inneren Werte und die Eigenschaften herauszufinden, die Sie entwickeln oder abschwächen müssen, um ein glückliches, erfülltes Leben führen zu können.

Beim Schreiben dieses Buches war ich gezwungen, viele meiner eigenen Themen anzuschauen – besonders jene, die mit den Wechseljahren zu tun hatten. Dabei habe ich entdeckt, dass es für mich höchste Zeit ist, die verführerische Rolle der Prinzessin aufzugeben und meine Rolle als Königin anzunehmen. Welche Verwandlung steht für Sie an?

Es heißt, dass wir im Informationszeitalter leben. Aber Informationen allein werden Sie der Wahrheit, der Weisheit oder dem Glück nicht näher bringen. Eine der wirkungsvollsten Methoden, Erleuchtung zu erlangen, besteht darin, auf alles, was Ihnen begegnet, positiv zu reagieren und Ihr Leben mit einem lauten „Ja!" zu leben. Daher ermutige ich Sie, jede Göttin, deren Macht und Energie sich in Ihrem Leben zeigt, willkommen zu heißen – ganz gleich, wie wichtig oder attraktiv sie Ihnen im Moment erscheinen mag. Von jeder Göttin können Sie etwas über sich selbst lernen. Je mehr Sie Ihr wahres Selbst erkennen, desto größer wird Ihre Weisheit werden, und nur durch Selbstmeisterung kann wahre Macht erlangt werden. Wenn Sie bestimmte Ereignisse Ihres Lebens mit den Mythen der Göttin in Verbindung bringen, werden Sie erkennen, welche Einstellungen, Überzeugungen und Verhaltensweisen Ihr Leben bisher zwar bestimmt haben, aber heute nicht mehr angemessen sind. Auf den folgenden Seiten werden neun Situationen beschrieben, die natürlich nicht alle gleichermaßen wichtig für Sie sein mögen. Sie sollen dazu angeregt werden, bestimmte Themen zu reflektieren, und ich werde Ihnen jeweils eine Göttin vorschlagen, die Sie näher erforschen können, weil diese eine ganz besondere Beziehung zu diesen Situationen hat. Eine solche Übung ist niemals wirklich abgeschlossen. Sie soll einfach ein Werkzeug sein, das Ihnen hilft herauszufinden, wie viel von Ihrer Geschichte veraltet ist und umgeschrieben werden muss. Ich hoffe, sie wird Ihnen auch Einsichten bescheren, wie Sie die kommenden Jahre am besten bewältigen können.

Geburt

✳ **Fragen:** Wie war die Geburtserfahrung für Sie? Haben Sie die Welt als Kind als liebevoll wahrgenommen oder als kalt und beängstigend? Als Ort, an dem Sie willkommen sind oder an dem sich niemand um Sie kümmert? Wie sehr ist Ihre heutige Weltsicht dadurch bestimmt worden? Inwieweit erschaffen Sie eine sich selbst erfüllende Prophezeiung?

Athenes (Seite 64 bis 65) dramatische Geburt (aus dem Kopf ihres Vaters) eliminiert ihre Mutter Metis nicht nur bei diesem Ereignis, sondern während ihres ganzen Lebens. Athene war die Vertraute ihres Vaters, und ihr ganzes Wesen war eher maskulin als feminin. Da sie eine berühmte Strategin war, konzentrierte sie sich auf Krieg und patriarchalische Werte.

✳ **Hauptthema:** Viele von uns fühlen sich vom Augenblick der Geburt an mehr zu einem Elternteil hingezogen. Trifft das auch auf Sie zu? Wenn Sie sich – wie Athene – als Kind mehr Ihrem Vater verbunden fühlten als Ihrer Mutter, überlegen Sie sich, inwieweit Sie Ihre weibliche Seite verneinen, um Ihrem Vorbild ähnlicher zu sein. Ziehen Sie Logik der Intuition vor? Wenn Sie nur im Kopf leben, entgeht Ihnen die essenzielle Erfahrung der Verbindung zu Ihrem Körper.

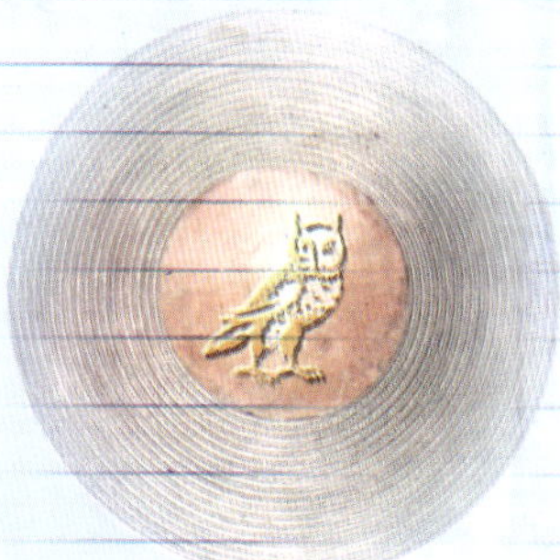

Geburt von Geschwistern

✳ **Fragen:** Wie alt waren Sie, als Ihre Geschwister geboren wurden? Welche Beziehung hatten Sie als Kind zu ihnen, und wie hat sich diese im Lauf der Jahre verändert? Haben Sie Ihren Geschwistern gegenüber Gefühle von Eifersucht, Kameradschaft, Rivalität oder Desinteresse?

Artemis, die Mondgöttin (Seite 46 bis 51), hatte einen Zwillingsbruder: Apoll, der Sonnengott. In vielerlei Hinsicht ergänzen sich die beiden Gegensätze, wie es dem Wesen von Yin und Yang entspricht. Er war in den Städten zu Hause, sie in der Wildnis. Apoll war der Beschützer der Haustiere, Artemis die Beschützerin des Wildes. Artemis hatte zudem schwesterliche Beziehungen zu den Nymphen, die ihre Gefährtinnen waren.

✳ **Hauptthema:** Manchmal werden die Beziehungen zu Männern und Frauen durch die Beziehung zu den eigenen Geschwistern bestimmt, da wir mit ihnen – und durch sie – gelernt haben, soziale Wesen zu sein. Hatten Sie immer Liebhaber, die Sie an Ihre Brüder erinnerten, und haben Sie sie auch als solche behandelt – wie Artemis? Hat Ihre Einstellung gegenüber Freundinnen von Ihrer Beziehung zu Ihren Schwestern profitiert oder darunter gelitten?

Pubertät

✳ **Fragen:** Inwieweit wurden Sie von Ihren Eltern auf die körperlichen, emotionalen und psychischen Veränderungen der Pubertät vorbereitet? Waren die Botschaften, die Sie in Bezug auf Ihre körperliche und sexuelle Entwicklung erhalten haben, positiv oder negativ – oder gab es gar keine?

Persephone (Seite 56 bis 61) konnte ihre Macht als Frau und als Individuum nur dadurch erlangen, dass sie von ihrer Mutter getrennt wurde und eine Aufgabe zu erfüllen hatte. Aus diesem Verlust erwuchs die Gleichwertigkeit, die jede Tochter in ihrer Beziehung zur Mutter erfahren muss. Das bereichert beider Leben, da die Mutter ein bestimmtes Wissen nur dann mit der Tochter teilen kann, wenn diese selbst Kinder hat. Bis dahin ist die Beziehung einseitig und unvollständig.

✳ **Hauptthema:** Was für eine Einstellung haben Sie gegenüber Ihrem Körper und Ihrer Sexualität? Fühlen Sie sich mit diesen Aspekten Ihrer selbst wohl? Wie stark wurde diese Einstellung durch die Erfahrungen während der Pubertät bestimmt? Denken Sie daran, dass Sie kein verwirrter, ahnungsloser Teenager mehr sind, sondern eine reife Frau, die ihre Einstellung sich selbst gegenüber jederzeit ändern kann.

Ehe

✳ **Fragen:** Warum haben Sie sich entschieden zu heiraten? Welche Aspekte – außer „Liebe" – haben dabei eine Rolle gespielt? Finanzielle Sicherheit? Mangelndes Selbstwertgefühl? Gesellschaftlicher Status? Wollten Sie von Ihren Eltern weg? Wie groß ist die spirituelle Verbindung mit Ihrem Partner?

Kuan-yins (Seite 52 bis 55) Geschichte zeigt auf, welchem Druck junge Frauen oft ausgesetzt sind. In ihrem Fall sollte die Ehe dem Vater Reichtum und zusätzlichen Status bringen. Selbst heute sind Frauen in manchen Familien noch ätzenden Kommentaren von Familienmitgliedern ausgesetzt, die ihre eigene Unsicherheit nach außen projizieren – wie „du bist wohl übriggeblieben", „dir ist wohl keiner gut genug" oder „vor dir läuft ja jeder Mann davon".

✳ **Hauptthema:** Wie groß war der innere Druck (vom Selbst) und der äußere (von anderen), der Ihre Entscheidung, zu heiraten, beeinflusst hat? Sollten Sie eine so wichtige Entscheidung unter Druck fällen? Welche spirituellen Faktoren könnten Ihre Entscheidung beeinflusst haben?

Mutterschaft

* **Fragen:** Was bedeutet der Begriff „Mutterschaft" für Sie? Rebellieren Sie in der Erziehung Ihrer Kinder gegen Ihre eigene Kindheit?

  Gaia (Seite 90 bis 91) ist die archetypische Muttergöttin, die Schöpferin und Ernährerin der Welt, eine großzügige Gottheit, aus der alles Leben hervorgeht. Mutter Natur – oder Gaia – ist ein fein abgestimmtes Ökosystem gegenseitiger Abhängigkeiten, in dem alle aufeinander angewiesen sind, um zu überleben. So hängt der Fortbestand der Menschheit und allen Lebens von der Gesundheit und dem Wohlbefinden Gaias ab. Dank vieler Umweltgruppen beginnt die Menschheit allmählich zu verstehen, dass sie die Naturschätze nicht weiter ausplündern darf, sondern lernen muss, in Harmonie mit der Natur zu arbeiten, um an ihrem Reichtum teilzuhaben. Auch Mütter müssen lernen darauf zu achten, dass sie gleich viel bekommen wie sie geben, indem sie auch für sich selbst sorgen – und zwar körperlich, emotional und spirituell.

* **Hauptthema:** Überlegen Sie sich, wo Sie Ihre eigenen Bedürfnisse und Wünsche vernachlässigen, weil Sie ganz in Ihrer Rolle als Mutter aufgehen. Wenn Sie akzeptieren, dass die Liebe und der Reichtum des Universums unerschöpflich sind, sollte es dann nicht möglich sein, auch sich selbst etwas davon zu geben, ohne dabei Ihre Mutterpflichten zu vernachlässigen?

Eheliche Untreue/Scheidung

✳ **Fragen:** Wie stehen Sie zur Treue? Wie wichtig ist es für Sie, dass Ihr Partner und Sie einander treu sind? Ist dies von entscheidender Bedeutung? Unter welchen Umständen – falls überhaupt – könnte sich Ihre Einstellung möglicherweise ändern?

Hera (Seite 84 bis 89) ertrug viele Jahre der Demütigung und des Betrugs durch ihren unzuverlässigen Ehemann Zeus. Schließlich nahm sie ihren Mut zusammen und verließ ihn, um ein neues Leben zu beginnen. Erst als sie zu akzeptieren lernte, dass sie nichts tun konnte, um ihn zu ändern – dass sie nur sich selbst und ihre Einstellung ändern konnte –, erlangte sie inneren Frieden. Ironischerweise wollte Zeus sie daraufhin zurückhaben und tat so, als würde er eine Statue heiraten, um ihr damit zu beweisen, dass seine Affären im Vergleich zu seiner Ehe mit Hera ohne Leben und unbedeutend waren.

✳ **Hauptthema:** Wenn Ihr Partner ständig untreu ist oder Sie demütigt, indem er mit anderen Frauen flirtet, überlegen Sie sich, ob Sie Ihren inneren Werten nicht untreu geworden sind. Könnte man nicht sagen, dass Sie zu Ihrer eigenen Demütigung beitragen, indem Sie sich damit abfinden? Oder geben Sie – wie Hera – den anderen Frauen die Schuld, statt die Verantwortung bei ihm zu suchen? Wir haben häufig Angst, unsere Werte selbst gegenüber geliebten Menschen zu formulieren, weil wir fürchten, sie könnten uns verlassen, wenn sie diese nicht teilen. Welche für Sie lebenswichtigen Themen haben Sie Ihrem Partner gegenüber nicht angesprochen – und warum nicht?

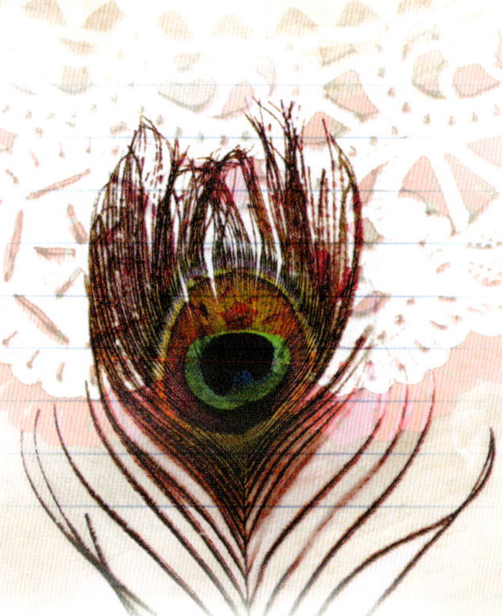

Kinder verlassen das Elternhaus

* **Fragen:** Welche Gefühle tauchen auf, wenn Sie daran denken, dass Ihre Kinder erwachsen werden und das Elternhaus verlassen könnten? Auf welche Weise könnten Ihre Ängste – auch unbewusst – Ihr Verhalten gegenüber den Kindern bestimmen? Wieso schieben Sie ihnen die Verantwortung für Ihr künftiges Glück zu? **Demeter** (Seite 78 bis 83) ist die archetypische „Hüterin des leeren Nests", eine Frau, die alles tut, damit ihre Tochter ewig Kind bleibt und sie nie verlässt. Dieser Archetypus fördert die Abhängigkeit der Kinder durch verschiedene dysfunktionale Verhaltensweisen. Dazu gehört, dass die Kinder immer sagen müssen, wo sie sind und bei wem, auch wenn dies völlig unangebracht ist und sie sich schuldig fühlen, wenn sie „Mami" nicht gehorchen. Eine solche Mutter behandelt ihre erwachsenen Kinder so, als ob diese immer noch Kinder wären, die ihre Unterstützung und Führung brauchen, um zu überleben.
* **Hauptthema:** Überlegen Sie sich, auf was Sie verzichtet haben, als Sie Ihre Rolle als Ehefrau und Mutter übernommen haben. Könnte es sein, dass Sie sich deshalb so an die Kinder klammern, weil Sie Angst haben, eine andere Rolle zu übernehmen, die Ihnen irgendwie risikoreicher erscheint – zum Beispiel der Wiedereinstieg ins Berufsleben? Wie können Sie den damaligen Traum heute – da Sie reifer, erfahrener, weiser und freier sind – Wirklichkeit werden lassen?

Wechseljahre

* **Fragen:** Was empfinden Sie, wenn Sie ans Altern denken? Und zwar nicht theoretisch, sondern ganz konkret in Bezug auf Ihren Körper, Ihr Leben und Ihren Wert für die Gesellschaft. Wovor haben Sie am meisten Angst?

  Cailleach (Seite 104 bis 109) -- Weise, Hexe, Alte – ist ein Beispiel für das dritte Alter der Göttin. In den Wechseljahren wird vielen Frauen schlagartig bewusst, dass sie altern. Nur ganz wenige von uns heißen diesen Lebensabschnitt willkommen, weil sie erkennen, welche Freiheiten er mit sich bringt – nicht nur von der Menstruation und Schwangerschaft, sondern auch von der Sklaverei patriarchalischer Schönheitsideale. Diese inspirierende Göttin maß sich nur an ihren eigenen Maßstäben, und es heißt, sie habe ein aktives Sexualleben mit weitaus jüngeren Männern gehabt, die schließlich alterten, während sie alterslos blieb.

* **Hauptthema:** Überlegen Sie sich, welche Einschränkungen Sie sich selbst auferlegen. Was haben Sie durch die Wechseljahre eigentlich verloren? Was davon ist wirklich wichtig? Lesen Sie inspirierende Bücher über Frauen, die erst spät im Leben kreativ und erfolgreich waren – zum Beispiel die Schriftstellerin Mary Wesley, die ihren ersten Romanbestseller erst mit Anfang Fünfzig veröffentlichte. Gleichen Sie die häufig negativen Einflüsse der Gesellschaft aus, indem Sie positive Bücher über die Wechseljahre lesen.

Tod

* **Fragen:** Inwieweit haben Sie Angst vor dem Tod und warum? **Isis** (Seite 72 bis 77) Geschichte, in der sie ihren geliebten Mann und Bruder Osiris wieder zum Leben erweckte, ist nicht nur eine wunderbare Metapher für die Macht der Liebe, sondern auch ein Beispiel dafür, wie diese Liebe die Welt beeinflusst – lange nachdem die Liebenden selbst gestorben sind. Die alte ägyptische Göttin und ihre Schwester Nephthys, die Königinnen der Toten, suchten unermüdlich nach den Körperteilen von Osiris, die sein Bruder Seth in alle Winde verstreut hatte. Eines von Isis Symbolen ist das Ankh, das ägyptische Zeichen für „Leben". Es erinnert uns daran, dass es auch im Tod noch Leben gibt und dass das Wesen der Existenz zyklisch ist und eine Phase unweigerlich auf die vorherige folgt.
* **Hauptthema:** Erstellen Sie eine Liste all dessen, das Sie hinterlassen werden, wenn Sie sterben. Überrascht Sie der Umfang dieser Liste oder schockiert Sie die Kürze? Wenn das zweite zutreffen sollte, fragen Sie sich, ob Sie sich gegenüber wirklich fair sind. Haben Sie denn keinen Einfluss auf Ihre Familie, Ihre Nachbarschaft und die Welt gehabt? Was könnten Sie tun, damit Sie von möglichst vielen Menschen liebevoll in Erinnerung behalten werden?

Funktionale und dysfunktionale Eigenschaften

In dieser Tabelle finden Sie die neun wichtigsten Göttinnen, die in diesem Buch aufgeführt sind. Überprüfen Sie anhand der zugeordneten Eigenschaften Ihre eigenen funktionalen und dysfunktionalen Eigenschaften. Die Göttinnen sind in alphabetischer Reihenfolge aufgeführt.

Göttin	Funktionale Eigenschaften	Dysfunktionale Eigenschaften
ARTEMIS	**Unabhängig**	**Kompromisslos**
(Seite 46 bis 51)	**Abenteuerlustig**	**Übertrieben konkurrierend**
	Selbstbewusst	**Rachsüchtig**
	Nährend	**Unbarmherzig**
	Leidenschaftlich	**Überheblich**
	Unbezähmbar	**Unberührbar**
	Beschützend (andere)	**Gepanzert (selbst)**
CAILLEACH	**Willensstark**	**Manipulativ**
(Seite 104 bis 109)	**Unmaterialistisch**	**Grausam**
	Hohes Selbstwertgefühl	**Streng/Kalt**
	Schöpferisch	**Zerstörerisch**
	Machtvoll	**Rachsüchtig**
DEMETER	**Erdmutter**	**Zu besorgt**
(Seite 78 bis 83)	**Nährend**	**Vernachlässigt sich selbst**
	Mutterinstinkt	**Engstirnig**
	Großzügig	**Kompromisslos**
	Ausdauernd	**Will alles beim Alten lassen**
HEKATE	**Schöpferisch**	**Zerstörerisch**
(Seite 110 bis 113)	**Intuitiv**	**Ignorant**
	Beschützend	**Manipulativ**
	Verwandelnd	**Heimlichtuerisch**
	Fördernd	**Kühl**

Göttin	Funktionale Eigenschaften	Dysfunktionale Eigenschaften
HERA	Hoheitsvoll	Eifersüchtig
(Seite 84 bis 89)	Machtvoll	Rachsüchtig
	Unterstützend	Streitsüchtig
	Verlangt Ernsthaftigkeit	Leugnet die Fehler des Partners
	Treusorgende Hausfrau	Stellt die Interessen des Partners über ihre eigenen
ISIS	Ausdauernd	Märtyrerin
(Seite 72 bis 77)	Hingebungsvoll	Kann nicht akzeptieren, dass etwas zu Ende geht
	Verständnisvoll	Opfert sich selbst auf
	Einfallsreich	Unaufrichtig
	Loyal	Traurig
KALI	Kreativ	Destruktiv
(Seite 98 bis 103)	Schützend	Rachsüchtig
	Stärkend	Verschlingend
	Frei	Böse
	Tolerant	Wild
KUAN-YIN	Selbstlos	Aufopferungsvoll
(Seite 52 bis 55)	Mitfühlend	Unrealistisch
	Bedingungslos liebend	Ko-abhängig
	Furchtlos	Nicht im Gleichgewicht
	Integrität	Keine
	Klare Wertvorstellungen	Sich selbst vernachlässigend
	Anderen dienend	Nicht dienend
PERSEPHONE	Hingebungsvoll	Abhängig
(Seite 56 bis 61)	Abenteuerlustig	Angst vor Veränderung
	Ausgeglichen	Depressiv/verzweifelt
	Durch Widrigkeiten gestärkt	Unfähig, das Positive zu sehen
	Das Wissen um die eigene Macht	Passiv

Claire: Die Jungfrau

Claire erinnert sich, dass ihr schlecht wurde, als ihre Mutter ihr von der Menstruation erzählte, um sie auf die bevorstehenden körperlichen Veränderungen vorzubereiten. Da sie für ihr Alter gut entwickelt war, war es ihr peinlich, sich im Umkleideraum der Schule vor anderen auszuziehen. Während des Unterrichts schämte sie sich, weil ihre großen Brüste von den Jungen angestarrt wurden.

Weil sie so erwachsen aussah, ging sie bereits mit älteren Männern aus, als sie noch ein Teenager war. Sie ließ sich von einem von ihnen entjungfern, um ihm ihre „Liebe zu beweisen". Dieser Trend setzte sich fort und fand seinen Höhepunkt, als Claire einen Mann heiratete, der ihr Vater hätte sein können und der während Claires formativer Jahre stets längere Zeit geschäftlich unterwegs war. Sie verließ sich in allem auf ihren Mann, und ihre Freunde machten sich Sorgen um die ungleiche Beziehung, weil Claire sich in seiner Gegenwart mehr wie ein kleines Mädchen benahm als wie eine Frau Mitte Zwanzig.

Noch bevor sie ihren zehnten Hochzeitstag feiern konnten, starb ihr Mann. Mit Dreißig bereits Witwe, war Claire ihres Haltes beraubt und hatte keine Ahnung, wie sie für sich selbst sorgen sollte. Da ihr Mann sie als eine Art Trophäe angesehen hatte und sie nicht arbeiten musste, wusste sie nun nicht, wie sie sich um ihre Finanzen kümmern oder mit Behörden umgehen sollte. Sie verließ sich ganz auf Verwandte und Freunde und wurde nun selbst in den kleinsten Dingen ganz von ihnen abhängig – genau so wie sie vorher von ihrem Mann abhängig war.

Ein paar Jahre später fuhr sie eine gute Freundin – die mitten in der Nacht wegen einer kleinen Sache von Claire geweckt worden war – an, ob sie mit Ende Dreißig nicht endlich einmal erwachsen werden und Verantwortung für ihr Leben übernehmen wollte. Claire erfuhr, dass auch andere Leute es langsam satt hatten, dass sie immer das Opfer spielte. Das schockierte Claire so sehr, dass sie begriff, wie abhängig sie von anderen Menschen – besonders von Männern – war.

Zu Neujahr fasste Claire den Vorsatz, die Verantwortung für ihr Leben zu übernehmen, und schrieb sich in einem Computerkurs ein. Sie ließ sich von Experten in finanziellen Dingen beraten und zwang sich, die täglichen Probleme selbst zu lösen, statt immer gleich zum Telefon zu greifen.

Je selbstbewusster Claire wurde, desto größer wurde auch ihr Selbstwertgefühl. Sie fing an Kleider zu tragen, die ihrem Alter angemessen waren, und begann, ihre üppige Figur zu lieben. Vor kurzem hat sie wieder geheiratet – dieses Mal nicht eine Vaterfigur, der sie zwingen würde, ein kleines Mädchen zu bleiben, sondern einen Mann, der die kompetente, dynamische Frau, die sie geworden ist, aufrichtig bewundert und respektiert.

Claire war in der Trägheit der Persephone (Seite 56 bis 61) gefangen gewesen. Wie Peter Pan hatte auch sie Angst gehabt, erwachsen zu werden, bis ihr gezeigt wurde, wie absurd es für eine Frau ihres Alters ist, dermaßen von anderen abhängig zu sein. Indem sie aktiv wurde, um ihr Selbstwertgefühl zu steigern und Verantwortung zu übernehmen, unterdrückte sie den Einfluss der Persephone und ersetzte diesen durch einen angemessenen Jungfrau-Archetypus: Athene (Seite 64 bis 65).

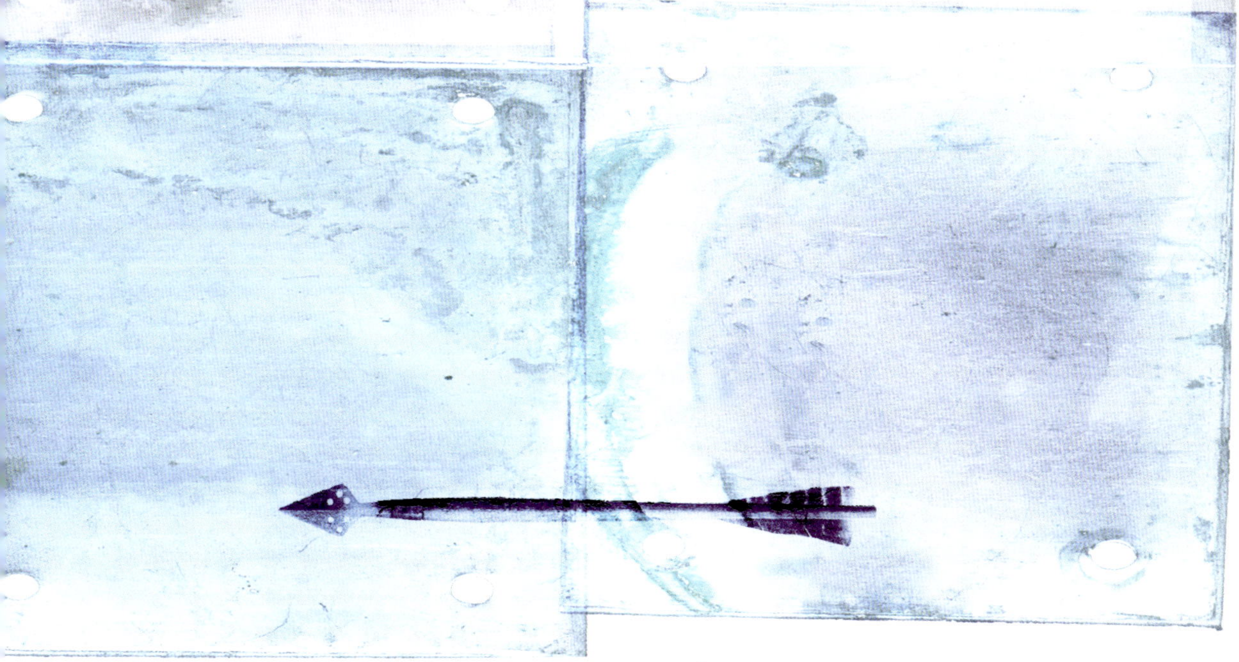

June: Die Mutter

June wusste immer, was am besten war. Ihr Lieblingssatz – begleitet von einem süffisanten Lächeln – war: „Hab ich dir das nicht gleich gesagt?" June genoss es, immer Recht zu haben – zumindest ihrer Meinung nach. Das Problem war nur, dass ihr Verlangen, wichtig und wertvoll zu sein, sie im Lauf der Jahre sowohl ihrem Mann als auch ihren Kindern entfremdet hatte. Diese – ein Junge und Zwillingsmädchen, die kaum 18 Monate auseinander waren – gingen innerhalb kürzester Zeit auf die Universität. Es war wohl kein Zufall, dass sie sich für Orte entschieden, die möglichst weit weg von Zuhause waren.

Trotz ihres Bemühens, die Kinder in Abhängigkeit zu halten, hatten alle drei starke Persönlichkeiten entwickelt. Deshalb waren sie wütend, dass ihre Mutter sich in jeden Aspekt ihres Lebens einmischte – angefangen von unpassenden Bemerkungen in Bezug auf ihre Freunde bis zu offener Verachtung für ihren Geschmack in Bezug auf Kleidung. June erkannte nicht, dass ihr Wunsch, ihren Kindern nahe zu sein, genau das war, was die Kinder aus dem Haus trieb.

Für June standen die Kinder immer an erster Stelle. Sie hätte gerne noch mehr gehabt, aber nach zwei Fehlgeburten war ihr geraten worden, keine mehr zu haben. June, die nie einen besonders starken Sexualtrieb gehabt hatte, entzog sich seitdem allen ehelichen Beziehungen. Wozu auch? Sie nahm an, dass ihr Mann einige Affären hatte, aber sie hatte so viel mit den Kindern zu tun, dass es sie nicht kümmerte. Ihr Leben war erfüllt.

Aber nun waren June und ihr Mann plötzlich Fremde, und keine sechs Monate, nachdem die Kinder ausgezogen waren, packte auch er seine Sachen und zog zu seiner langjährigen Geliebten. June war außer sich, weil ihr Leben damit jeden Sinn verloren hatte. Eine gute Freundin, die Angst hatte, June könnte eine Dummheit machen, schlug ihr vor, eine Therapeutin aufzusuchen. Die half ihr, Interessen zu entdecken, die sie in all den Jahren in sich begraben hatte, weil die Interessen anderer immer an erster Stelle standen. June war klar, dass sie nicht wieder ins

Berufsleben einsteigen wollte, und brauchte es auch nicht, da ihr Ex-Mann die Raten fürs Haus und andere Kosten trug – wohl weil er sich schuldig fühlte, sie im Stich gelassen zu haben. Und da einige Versicherungspolicen fällig wurden, verfügte June über ein ausreichendes Einkommen.

Da sie immer gern gelesen hatte, vertiefte June sich in Bücher, schrieb sich in einigen Literaturkursen ein und ging zu verschiedenen Lesegruppen, wo sie neue Freunde gewann. Mit Hilfe ihrer Therapeutin erkannte June, dass sie auch hier wie eine Henne die jüngeren Mitglieder bemutterte, und bemühte sich nach Kräften, dies dadurch auszugleichen, dass sie sich selbst eine gute Mutter wurde. Seit sie sich mehr auf ihr eigenes Leben konzentriert, besuchen ihre Kinder sie viel häufiger. June muss sich nur daran erinnern, sie ihre eigenen Entscheidungen und Fehler machen zu lassen, und daran, dass es einen feinen Unterschied zwischen einer Mutter gibt, die für ihre Kinder sorgt, und einer, die ihre Kinder mit ihrer Liebe erstickt.

June ist typisch für einen starken Demeter-Archetypus (Seite 78 bis 83) und verkörpert eine Frau, die so viel damit zu tun hat, ihre Kinder in Abhängigkeit von sich zu halten, dass sie dafür ihre eigenen Interessen opfert. In der Therapie wurde sie ermutigt, einen Archetypus zu entwickeln, der ihr ihre Macht zurückgibt – Gaia (Seite 90 bis 91). Erst dadurch konnte sie eine authentischere und erfüllendere Beziehung zu sich selbst herstellen.

Laura: Die Weise

Fünfzig Jahre lang hatte Laura ein Leben gelebt, das nicht ihr eigenes war. Sie war in einer Familie aufgewachsen, in der Gefühle verpönt waren. Wenn die junge Laura wütend war, weil ihre Eltern unangemessene Forderungen an sie stellten oder sie von ihnen ungerecht behandelt wurde, lernte sie diese Gefühle zu unterdrücken. Kinder hatten einfach den Mund zu halten. Da sie sehr empfindsam war, stauten sich in Laura so viele Gefühle auf, dass ihre körperliche und geistige Gesundheit bedroht war. Erst als sie sich den Wechseljahren näherte, konnte sie ihre Gefühle nicht länger im Zaum halten. Schweißgebadet lag sie im Bett und weinte die ganze Nacht, weil sie sich vor den kommenden Veränderungen fürchtete. Sie verstand nicht, warum sie so depressiv war, da sie sonst eigentlich ganz glücklich war, und fürchtete, den Verstand zu verlieren. Laura hatte Konfrontationen immer vermieden. Sie meinte, sie halte ihre Gefühle zurück, weil sie nett zu anderen sein wollte. Statt einem Freund oder einer Kollegin zu erzählen, wie verletzt sie durch deren Verhalten war, schluckte sie es, weil sie einer Auseinandersetzung aus dem Weg gehen wollte. Sie fühlte sich einem Streit nicht gewachsen. Wenn sie als Kind widersprochen hatte, war sie von ihrer Mutter geschlagen worden – und diese Lektion war noch heute lebendig.

Laura nahm an einem Wettbewerb teil und gewann eine Reise für zwei in den Fernen Osten. Als sie ihrer besten Freundin davon erzählte, nahm diese automatisch an, dass Laura sie mitnehmen würde, und fing an begeistert zu erzählen, wie viel Spaß die beiden haben würden. Laura war sprachlos. Sie hatte überhaupt nicht daran gedacht, ihre Freundin mitzunehmen. Zwar mochten sie einander sehr, aber sie hatten einen völlig verschiedenen Geschmack und andere Ideen, was einen guten Urlaub ausmachte. Da sie nicht wusste, was sie tun sollte, ließ Laura einige Zeit vergehen, bis sie an einen Punkt kam, an dem sie etwas sagen musste. Da sie nicht wusste, wie sie mit der Situation umgehen sollte, vertraute sie sich einer anderen Freundin an. Die sagte folgendes:

„Hör auf, deine Gefühle zu unterdrücken, Laura. Du bist kein Kind mehr, sondern eine erwachsene Frau. Niemand wird dich schlagen, nur weil du ehrlich bist. Du willst doch niemandem weh tun, warum sollte sie dann wütend auf dich sein? Vertraue dir selbst und deiner

Freundin. Offen und ehrlich – authentisch – zu sein, bringt eine solche Freiheit mit sich. Riskier es einfach und schau, was passiert. Wenn sie eine echte Freundin ist, wird sie dich verstehen. Sie ist vielleicht enttäuscht oder verärgert, weil du es ihr nicht eher gesagt hast, aber sie wird dir deshalb nicht gleich die Freundschaft kündigen. Nimm Kontakt zu deinem inneren Kind auf – dem, das durch deine Erziehung verletzt ist, und schenke ihm die Liebe, die deine Mutter ihm nicht geben konnte. Kinder sind oftmals ehrlich, aber niemand ist deswegen gleich beleidigt. Erwecke diese Seite in dir, dann wird schon alles gut gehen."

Laura traf ihre Freundin am nächsten Tag. Mit ernster Miene begann sie zu erklären, warum sie sie nicht mitnehmen wolle. Ihre Freundin sagte überrascht: „Du hast mich zu Tode erschreckt. Ich hatte keine Ahnung, über was du mit mir reden wolltest. Das ist doch überhaupt kein Problem. Ich habe mir schon gedacht, dass du jemand anderen mitnehmen wolltest, und wollte dir sagen, dass das kein Problem ist, aber ich habe es vergessen." Laura war so erleichtert, dass sie zu weinen anfing. Dann gab ihr ihre Freundin einen guten Rat – wie eine echte Weise: „Nichts, was aus Güte gesagt oder getan wird, kann verletzen, weil der Empfänger nicht nur die Worte hört, sondern das Gefühl dahinter. Wahrheit ist Freiheit. Und Freiheit ist die größte Gabe der Weisen."

Um dies noch zu verstärken, besuchte Laura einige Göttinnen-Seminare. Sie fühlte sich besonders von Kali (Seite 98 bis 103) und Cailleach (Seite 104 bis 109) angezogen. Kali half ihr zu erkennen, dass sich verändernde Umstände andere Arten des Denkens und des Handelns erfordern. Cailleach zeigte ihr, dass zu wahrer Reife gehört, in seinem Ausdruck frei und authentisch zu sein.

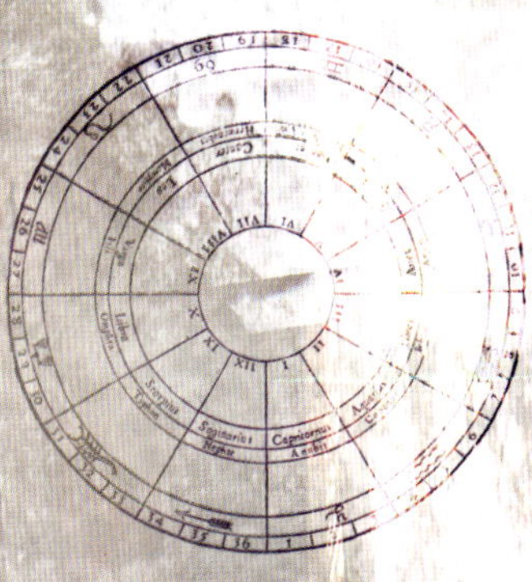

Zum Schluss

Kürzlich bekam ich eine E-Mail von einer Freundin – eine dieser E-Mails, die ständig weitergeschickt werden. Sie hieß: Schöne Frauen. Darin waren die verschiedenen Phasen unseres Lebens als Frau aufgeführt und die damit verbundenen Gezeiten unseres Selbstwertgefühls.

Nachfolgend stelle ich Ihnen meine Version dieser inspirierenden Auflistung vor. Ich möchte sie dem widmen, das Sie als Frau sein sollen, sein können und sein werden – und sind. Denn Sie sind die erstaunlichste, schönste und begabteste Frau der Welt.

Mit 5: Wenn sie in den Spiegel schaut, sieht das kleine Mädchen eine Märchenprinzessin, die sich aufmacht, die ganze magische Welt zu entdecken.

Mit 10: Wenn sie in den Spiegel schaut, sieht das heranwachsende Mädchen Aschenputtel oder Dornröschen. Sie wartet nur noch auf den Märchenprinzen, der diese Welt zum Leben erwecken wird.

Mit 15: Sie schaut lieber nicht in den Spiegel, denn sie hat zwar Babyspeck und Pickel, aber sonst nichts. Am liebsten würde sie Winterschlaf halten, bis sie erwachsen ist.

Mit 20: Sie sieht sich Fotos von Fotomodellen an und vergleicht sie mit sich. Der Vergleich fällt nicht zu ihren Gunsten aus.

Mit 30: Sie hat keine Zeit, in den Spiegel zu schauen, weil sie genug damit zu tun hat, die Karriereleiter zu erklimmen.

Mit 40: Sie hat lange nicht mehr in den Spiegel geschaut, weil sie mehr daran interessiert ist, aufgrund ihres Verstands und ihrer Persönlichkeit beurteilt zu werden als nach ihrem Aussehen.

Mit 50: Sie schaut wieder in den Spiegel und macht sich Sorgen wegen der Veränderungen. Sie fängt an, um die dahinschwindenden Jahre zu trauern.

Mit 60: Sie denkt: „Was soll's? Ich bin doch bei guter Gesundheit und habe gute Augen, so dass ich mich überhaupt noch im Spiegel erkennen kann." Dann springt sie auf ihr Motorrad und macht eine Fahrt ins Blaue.

Mit 70: Sie schaut in den Spiegel und sieht die Erfahrungen eines ganzen Lebens in ihrem Gesicht geschrieben. Sie freut sich, dass sich die Weisheit des Lebens auf ihrem Gesicht zeigt. Sie weiß, dass sie – so Gott will – tun kann, was immer sie will.

Mit 80: Es interessiert sie nicht mehr, was andere von ihr denken. Sie setzt ihren Schlapphut auf und geht aus, um Spaß zu haben.

Die entdeckte Göttin Das Leben ist dazu da, dass wir auf unsere individuelle Art lernen und Erfahrungen machen. Es bleibt jeder von uns überlassen, jede Möglichkeit beim Schopf zu packen, und – wenn wir alles gelernt haben, was uns die Göttin in den verschiedenen Lebensphasen lehren kann – unsere Weisheit weiterzugeben.

Literaturhinweise

Bellinger, Gerhard J.: *Knaurs Lexikon der Mythologie*. Knaur, München 1999

Bolen, Jean Shinoda: *Göttinnen in jeder Frau. Psychologie einer neuen Weiblichkeit*. Heyne, München 1998

Grandis, Francesca de: *Die Macht der Göttin ist in dir*. Ludwig. München 2000

Haen, Ilse Jakob: *Du bist die Göttin. Weiblichkeit im neuen Zeitalter*. Lübbe, Bergisch Gladbach 1999

Monaghan, Patricia: *Lexikon der Göttinnen*. O.W. Barth, München 1997

Osho: *Das Buch der Frauen. Durch Bewusstheit zur Quelle der weiblichen Kraft*. Heyne, München 1998

Rüttner-Cova, Sonja: *Die gestürzte Göttin. Spuren des Matriarchats in Märchen und Mythen*. Heyne, München 2000

Simpson, Liz: *Heilende Energie der Erde*. Urania, Neuhausen 2000

Waldherr, Kris: *Umarme die Göttin in dir. Lebensrituale für Frauen*. Hermann Bauer, Freiburg 1998

Walker, Barbara: *Die spirituellen Rituale der Frauen. Zeremonie und Meditationen für eine neue Weiblichkeit*. Heyne, München 2000

Walker, Barbara: *Die weise Alte. Kulturgeschichte, Symbolik, Archetypus*. Frauenoffensive, München 2001

Quellen

In der Suchmaschine www.suchen.com finden sich unter „Göttin" 77 Einträge. Nicht alle bieten Seminare oder Konferenzen zum Thema an, aber einige tun es. Wenn Sie den Namen einer bestimmten Göttin oder „Jungfrau", „Mutter", „Weise" oder „Alte" eingeben, finden Sie sicherlich zahlreiche weitere Hinweise. Unter www.buchwelt.de finden sich zum selben Thema 128 Bücher. Möglicherweise gibt es auch in einem New-Age-Zentrum oder in der nächsten Volkshochschule Seminare zum Thema Göttin.
Bevor Sie sich für ein solches Seminar anmelden, sollten Sie die folgenden Fragen stellen:

* Worum geht es bei diesem Kurs genau?
* Wie viel kostet er, und was ist im Preis inbegriffen?
* Wer leitet ihn, und welche Erfahrung haben die Leiterinnen?
* Wie kann mir dieser Kurs von Nutzen sein?

Einige Kursleiterinnen geben nicht immer genau bekannt, was die Teilnehmerinnen am Kurs erwartet. Ich ging zu einem Wochenendseminar, an dem wir nackt auf einer Wiese tanzten und anschließend in eiskaltes Wasser sprangen. Manche Leute lieben so etwas, aber andere fühlen sich dabei unwohl. Da Teilnehmerinnen nur zu leicht von der Gruppe unter Druck gesetzt werden, kann es schwierig sein, auszusteigen, wenn der Kurs erst einmal angefangen hat.

Index

Danksagung

Gaia Books und Urania möchten den folgenden Personen danken, die an der Herstellung dieses Buches beteiligt waren: Manfred Miethe (Übersetzung), Pip Morgan, Susanna Abbott und Jinny Johnson (Lektorat), Matt Moate (Design), Elizabeth Wiggans (Index), Nanette Hoogslag für Ihre wunderschönen Illustrationen und & Images für die Fotos auf den Seiten 2, 5, 9 und 139.

Nanette Hoogslag möchte allen Göttinnen danken, die an der Herstellung der Illustrationen beteiligt waren. Ein besonderes Dankeschön an David.